U0128002

江西通史

—— 民國卷第三冊

目錄

第二章｜北洋時期江西的經濟與文化

第五章｜七年內戰與三年建設

第五章———

七年內戰與
三年建設

　　一九二七年夏到一九三七年夏的十年，內戰和建設兩種情
形，在江西交替出現。中國共產黨以江西為大本營創建革命根據
地、領導土地革命的鬥爭，作為現代中國發展另一條道路的探
索，形成對執政的國民黨的嚴重挑戰。因此，國民黨出動大軍，
從以小規模為主的地方性作戰到由中央主導指揮的大兵團軍事進
攻，對中共和紅軍進行長期的反覆的作戰。江西省在一九二七年
起的七年中，成為國共兩黨戰爭的主要戰場之一。期間，國民黨
中央和國民政府的許多大政方針和重要決策，是在江西等地針對
著革命根據地作出的，其中不少明顯地受到革命根據地政策的深
刻影響；國共兩黨的活動尤其是建國方向與治理方略，也圍繞著
戰爭的行進，得到充分的展示和實踐。國共兩黨以「圍剿」和反
「圍剿」的軍事作戰形式進行的鬥爭，對中國歷史和國共兩黨，
以及對江西的經濟社會發展產生重大的影響。一九三四年十月紅
軍長征後，當局繼續進行「清剿」紅軍游擊隊，但「善後」與建
設成為當時的主題。江西在省政府主席熊式輝的主持下，收拾殘
破，力行革新，大吹建設之風，取得了較為矚目的成績，為其後
到來的抗日戰爭，奠定了一定的基礎。

第一節 ▶ 派系矛盾與聯省「會剿」

一　朱培德治贛與聯湘「會剿」

　　一九二七年冬完成省政統一後，朱培德完全掌握了江西政
權。一九二八年二月九日，在南京參加完國民黨二屆四中全會

後，他致電民政廳長楊賡笙，宣稱江西進入訓政時期，下令對各縣縣長和公安官吏實行分期調考，以定去留；軍隊人員亦須經考試、錄用後方能從事行政。朱培德在南京中央宣佈訓政時期開始之前半年提早行動，表明了他希望改變軍人主政形象、建立地方行政系統以穩固統治秩序的意圖。但江西政局的實際狀況，卻是風生水起，極不穩定。中共的武裝割據和國民黨內部的派系矛盾，始終成為朱培德無法解決的兩大問題。

朱培德最初意欲以嚴厲的清共來樹立統治權威。繼針對南昌起義的嚴厲清共後，一九二七年十二月二十九日，又以省政府名義通令全省八十一縣嚴厲捕殺共產黨，「准就地槍決，事後呈報」。但殺戮不但未能達到鎮壓目的，反而激起共產黨人的堅決反抗，一九二八年春節前後，中共江西省委在贛西、贛南、贛東北和贛北各地農村，連續舉行武裝暴動，毛澤東領導的工農革命軍和朱德領導的南昌起義餘部，也先後進入江西，江西出現井岡山等多塊革命根據地。這些根據地的建立，給朱培德的統治帶來巨大的威脅。出動本省和聯絡鄰省軍隊「會剿」井岡山、贛西、贛南和贛東北革命根據地，成為他的一項主要政務和軍務。

朱培德對井岡山革命根據地的「進剿」始於一九二八年二月。二月到六月為贛軍單獨「進剿」階段，期間朱培德先後組織四次「進剿」行動，「進剿」兵力主要是其第二十七師楊如軒部、第九師楊池生部。四次「進剿」均遭失敗，特別是在第四次「進剿」的永新龍源口作戰中，「兩楊」雖然派出了「戰鬥力最強，都系老兵，技術熟練」的部隊，與紅四軍的作戰部隊兵力相當，並發生「江西所謂〔未〕經過的大戰」，「其間進退周旋，

經過許久的肉搏」，終被紅軍全面擊潰，楊如軒敗退逃跑，官兵死傷數百，被俘甚多。[1]「不費紅軍三分力，打敗江西兩隻羊」，說的就是這次作戰。紅四軍取得龍源口大捷、第四次擊破江西敵人進攻之後，井岡山革命根據地進入「全盛時期」[2]。七月到次年一月，為湘贛兩省「會剿」階段。朱培德連續「進剿」失敗後，在蔣介石督促下進一步聯絡湖南力量進行「會剿」。期間兩省先後舉行了三次「會剿」，前兩次「會剿」雖趁紅四軍主力出擊湘南占領了一些地方，但結果仍為紅軍所敗。第三次「會剿」規模最大，在萍鄉組成了由湖南何鍵任總指揮、江西金漢鼎任副總指揮的「會剿」總部，兩省出動兵力達十八個團，最後因為紅軍守山兵力太弱，才終於占領了井岡山。總的說來，湘贛兩省對「會剿」的態度並不一致。由於地盤、利益的關係，江西對紅軍的行動「要較湖南激進」，大體上「一個是急求剿清共匪，一個只在敷衍了事」，「又因為兩省軍隊，都吃過紅軍的虧，都懼怕紅軍的勇敢，所以作起戰來總只是江西軍隊則望湖南軍隊先向前，碰釘子，他們坐收漁利。湖南的軍隊也同樣的作如是觀，所以兩省軍隊的『剿』而難『會』，就是這個利益不一致的原因」[3]。

1　《楊克敏關於湘贛邊革命根據地情況的綜合報告》（1929 年 2 月 25 日），江西省檔案館編《井岡山革命根據地史料選編》，第 115 頁。

2　毛澤東：《井岡山的鬥爭》（1928 年 11 月 25 日），《毛澤東選集》第 1 卷，第 61-62 頁。

3　《楊克敏關於湘贛邊革命根據地情況的綜合報告》（1929 年 2 月 25 日），江西省檔案館編《井岡山革命根據地史料選編》，第 112 頁。

朱培德的統治也受到統治階級內部派系鬥爭的掣肘。在中央，蔣介石對他並不完全信任，雖然仍由他統轄江西政權，卻又在軍事和黨權上不時給他製造障礙進行限制。朱培德的統治資本是已擴編成兩個軍的雲南軍隊（第五路軍，轄第三、九軍，朱培德為總指揮），「政治方面沒人操旗吶喊」[4]。一九二八年三月，蔣介石抽調第三軍的八、九兩師和三十一軍（原第九軍）的二十七、二十八兩師到津浦線參加對奉系軍閥的北伐，朱培德本人隨即也被調為第一集團軍前敵總指揮，隨蔣介石指揮北伐。朱以退為進，當即向國民政府表示要辭去江西省主席。北伐中，朱部有戰功也頗有損傷。返贛後損傷沒有補充，卻在裁軍中兩個軍被裁編為第七、十二兩個師，實力由是更弱，朱培德的軍權無形中也被削弱。另一方面，在朱培德離贛北伐期間，國民黨中央黨部派遣黨務指導委員來贛，控制黨權。

　　江西黨務，在國民黨江西當局厲行反共清黨時，多數地方的國民黨組織也因共產黨員的被捕殺或離去而陷入坍塌。其後，朱培德曾任用蕭淑宇、劉文濤、劉侃元等改組派（成立有江西支部，屬於汪精衛、陳公博一派勢力）人物掌控黨務，旋因倒向蔣介石的第三軍軍長兼南昌衛戍司令王均的驅趕，江西黨務再現空虛。按照國民黨二屆四中全會整理黨務案的決議，國民黨中央於

4　《中共贛西特委給江西省委的綜合報告》（1929 年 4 月），中央檔案館、江西省檔案館編《江西革命歷史文件彙集（1929 年，一）》，1987 年內部印行本，第 114 頁。

一九二八年三月三十一日任命鄒曾侯、王鎮寰、王禮錫、賀揚靈、洪軌、周利生、蕭贛、陳禮江、劉抱一等九人為江西省黨務指導委員會委員，來贛主持黨務。這些人，大多是上一年由江西逃走的原 AB 團分子（王禮錫後來轉變為進步作家），又都是江西人。五月，這個委員會在南昌正式成立，由鄒、王、王任常委，周、陳分任組織、宣傳部長，代行省黨部職權。控制黨權後，他們進一步覬覦政權，以「贛人治贛」為口號在省內外掀起一場聲勢浩大的攻擊朱培德的運動。在省外，原 AB 團首領、在南京任職的段錫朋等利用南京、上海的江西同鄉會「大開其救鄉會，直言不諱地說今日的江西是雲南老〔佬〕的江西，如今府庫的空虛，共匪的猖獗，人民的不安，都是朱培德、王均、黃實把持省政府的結果」[5]，在上海廣散傳單並登報攻擊第五路軍和江西省政府，要求南京政府改組江西省政府，調走朱培德的軍隊，另編省防軍維持治安，「以江西最有聲望、最有軍事經驗、最有政治能力的人」（指李烈鈞、劉峙）來主持贛政。在省內，他們以中央嫡系自居，到處張貼「反黨務指導員即反中央」、「反黨務指導員即反革命」等標語，拉攏各地青年，快速恢復組織力量，基本掌握了各縣黨部指導委員會、靖衛團和一部分縣政權，並在省黨政權力上與朱培德勢力相爭，曾以「反抗中央，破壞黨

5　《中共江西省委給中央的綜合報告》（1928 年 4 月 15 日），中央檔案館、江西省檔案館編《江西革命歷史文件彙集（1927-1928 年）》，1986 年內部印行本，第 203 頁。

務」為名，取得南京支持罷免朱培德派的兩個省政府委員。這樣，以 AB 團分子為主體掀起的「贛人治贛運動，大有飛黃騰達之勢」，對朱培德的統治形成嚴重挑戰，在國民革命後期已經存在的江西國民黨各派系紛爭（江西尚有改組派、第三黨、大同盟的勢力），趨於激烈。紛爭的實質，是對江西省黨政權力的爭奪。

面對 AB 團的銳利攻勢，掌握軍政權力的朱培德自然不甘示弱。一方面，他採取以退求進策略，先後三次向南京政府請辭省主席之職，但都受到慰留，而打破了贛人治贛的企圖。同時，在他北伐期間，讓江西籍人並與李烈鈞關係密切的楊賡笙代行省主席職權，用以緩和贛人治贛的情緒和壓力。提出江西訓政計劃，落實中央政府縣組織法的實施期限，製造江西政治已上軌道的跡象，拆解要求改組省政府的藉口。另一方面，朱培德聯合改組派、第三黨乃至大同盟的力量反擊 AB 團，爭奪黨權和民眾尤其是青年。他們宣稱，要想江西走上訓政大道，只有打倒 AB 團才是唯一出路，在全省各地煽起反 AB 團風潮，指斥南京中央委任的黨務指導委員為「把持黨務，專謀私利，破壞紀律之著名黨蠹」[6]，迫使其或不能入贛、或入贛而先後離去，甚至在九江槍斃了九個 AB 團分子，全省一度「反 AB 團的空氣比反共還緊張」，因而 AB 團勢力在朱培德主政期間，在省一級無甚優勢，大體型成 AB 團因缺乏武力支持而無法分享政權、朱培德因 AB

6　《江西黨務停頓之索隱》，《廣州民國日報》1928 年 6 月 15 日。

團受到南京保護也不能控制黨權的態勢。其後果則是，由於派別紛爭，幾年間，江西黨部與政府之間、黨員之間、黨部委員之間、縣市與區鄉黨部之間以及黨部與民眾團體之間「鬧意見，互相軋轢，鬧個不休」[7]，全省國民黨黨務實際上陷入混亂狀態。一九二九年七月，國民黨中央特派員黃宇人考察江西黨務情況後指出：「江西黨務因糾紛迭起，指委幾經更動，而一部分下級黨部及民眾團體，又間有不守紀律、對省指委個人加以攻擊者，使省指委會工作不能順利進行，省縣正式黨部至今尚未成立，中央深以為憾。」[8]這就是當時的實際狀況。

朱培德主贛兩年半，軍事上先後對外參加過寧漢戰爭、北伐戰爭和蔣桂戰爭，對內或獨自或聯合湘閩「會剿」江西各革命根據地。行政上曾經設立吏治訓練所，訓練縣長及其他縣政人員，基本上按照縣組織法的施行期限，如期完成了縣政府的改組和劃定、成立區公所的工作（劃定與成立村、里、閭、鄰的工作尚未來得及做）；進行過一些建設，如規劃修建江西境內第一條長途公路——贛粵公路，任內修通了南昌至蓮塘段，開辦裕民銀行，組織土地局擬清丈土地，整頓稅收和瓷業，裁撤部分釐金及統稅；實行特種消費稅制等。這也反映出朱培德在執掌一省之政後，期望有所建樹。

7　《尹部長在召集談話席上之演詞》，《江西民國日報》1931 年 8 月 22 日。
8　《中央黃特派員視察本省黨務後之意見》，《江西民國日報》1929 年 7 月 19 日。

但是，朱培德面臨的困難是用兵頻繁而軍力不足，軍費浩大而財力短絀，每年實際收入不足預算（1500 萬元）的一半而財政瀕臨破產。因此，他更下力氣做的事情是，以辦理靖衛團和聯保聯坐辦法來彌補軍力，以鴉片公賣、徵收一九二五至一九二七年積欠田賦、增加苛捐雜稅、攤募二五國庫券和向商會勒借等辦法來解決財政軍餉。據記載，從一九二八年四月起，省政府規定城市住戶、旅客、教員和學生等，實行五家聯保聯坐；農村各地組織靖衛團，並實行十家、五家或三家聯保聯坐。[9]當時，全省約有靖衛團一萬人左右，槍械六千支左右，在贛南、贛西和贛東北有紅軍的地區，「靖衛團已經佈滿了各縣市和鄉村」，大一點的縣都有「二百條槍以上」[10]。另一方面，朱培德想方設法增加收入的結果，繼續引發濫印鈔票和增加苛捐雜稅。一九二八年夏，全省除正稅外，雜捐雜稅已增至十多種，有煙酒捐、落地稅、二五附加稅、市政捐、一五抵補捐、北伐房捐、北伐鹽附捐、煤油附捐、二五國庫券、燈捐、靖衛團捐、人頭捐、喜喪捐等，「各縣的捐稅為著辦靖衛團更是層出不窮」。貨幣的貶值和苛捐雜稅的增加，極大地加重了民眾的負擔，「因此一般農工以及市民對於政府非常厭恨，異口同聲地說『國民黨還不如北洋軍

9　《白色恐怖中江西各縣死亡人數》（1928 年），中央檔案館、江西省檔案館編《江西革命歷史文件彙集（1927-1928 年）》，1986 年內部印行本，第 347 頁。

10　《中共贛西特委給江西省委的綜合報告》（1929 年 4 月），中央檔案館、江西省檔案館編《江西革命歷史文件彙集（1929 年，一）》，1987 年內部印行本，第 113 頁。

閥』，『朱培德王均比鄧如琢、鄭俊彥還要厲害……』，『這就是革我們老百姓的命』」[11]。江西民眾對朱培德很是不滿，推舉代表到南京，要求國民政府改組江西省政府。

二　魯滌平治贛與三省「會剿」

一九二九年九月，南京國民政府下令改組江西省政府，朱培德調任軍委會參謀總長，任命魯滌平、王尹西、陳家棟、張斐然、蔣笈、路孝忱、林支宇、熊育錫為江西省政府委員，指定剛被桂系趕下台的湖南省政府主席魯滌平為主席，以王、陳、張、蔣分任民政、財政、建設、教育廳廳長，由此開始了湘系官僚對江西的統治。

魯滌平當政期間，社會危機又有加深。這時，魯滌平面臨的最大威脅是工農紅軍的發展。毛澤東、朱德率領紅四軍轉戰贛南閩西，已經基本上將贛南贛西根據地連成一片，方志敏領導的贛東北以及湘贛、湘鄂贛根據地也已頗具規模。魯滌平在給國民政府的呈文中說，全省「屬縣八十有一，無縣無共匪，全省疆土，三分之一已隸赤色版圖」。國民黨江西省黨部的報告更有詳細的統計：「江西完全匪化者三十三縣，半匪化者二十一縣，餘匪未清者二十縣。總而言之，江西安全無事者，只有南昌及其附近數

11　《中共江西省委給中央的綜合報告》（1928 年 4 月 15 日），中央檔案館、江西省檔案館編《江西革命歷史文件彙集（1927-1928 年）》，第208 頁。

縣。」特別是一九三〇年夏，紅一軍團由贛南北上，連續攻克多個縣城、兵臨南昌，震驚全省，嚴重威脅著魯滌平的統治。魯滌平起初也頗有點躊躇滿志，表示要「拿湖南的屠殺經驗來肅清江西的共匪」[12]，剛上任即親自兼任江西清鄉總局主任，制定過由城市到農村、先贛西后贛南等所謂「分區清剿匪共」計劃和清鄉計劃，並配合福建、廣東、湖南、湖北等省實行三省「會剿」。但以金漢鼎為總指揮的贛閩粵三省「會剿」，於一九三〇年春以唐云山旅在吉安敗北和金漢鼎部丟失大余、南雄等地，被紅四軍輕鬆打破；以武漢行營主任何應欽節制指揮的湘鄂贛三省「會剿」，自一九三〇年八月開始後，除了會議和計劃以及進占因紅軍主動放棄的吉安城外，也沒有更多成績。魯滌平懸賞十萬銀元「緝拿」毛澤東、朱德[13]，當然只留下笑柄。至於所謂清鄉，實際情況是「各縣很少辦理，有的舉辦了亦沒有良好的成績，差不多均被土豪劣紳操縱了，情弊百出：一、尋仇報復，二、乘機詐財，三、巧立名目，多事勒索，四、誣良為匪，賄買賄放，五、擾亂鄉村，無所不為。而各縣縣長又多庸懦不堪」[14]。因此，魯滌平深感「入贛以來，日夜剿匪，心神交瘁」，不能「貫徹鏟共主張」，於是連電國民政府請辭江西省主席職務，「以圖自

12　《中共贛西南特委劉士奇給中央的綜合報告》（1930 年 10 月 7 日），中央檔案館、江西省檔案館編《江西革命歷史文件彙集（1930 年，二）》，1988 年內部印行本，第 64 頁。

13　《懸賞十萬緝拿朱毛》，上海《民國日報》1930 年 8 月 1 日。

14　《何委員人豪報告巡視各縣情形》，《江西民國日報》1931 年 1 月 20 日。

贖」[15]。

統治階級內部的矛盾也繼續惡化著施政的環境。繼蔣桂、蔣馮新軍閥戰爭之後，這時復有兩廣（張發奎、李宗仁）聯手出兵反蔣的作戰以及蔣馮閻中原大戰。江西駐軍被蔣介石抽調近兩個師分別加入作戰，省內兵力空虛，只能集中防守南昌、吉安、贛州等幾個中心城市。魯滌平帶湘軍一個師（以張輝瓚為師長的第十八師）入贛，駐守贛南閩西的第十二師（滇軍）師長金漢鼎對其並不買賬，蔣介石任命金漢鼎為贛閩粵三省「剿匪」總指揮，又任命張輝瓚為江西全省「剿匪」總指揮節制所有駐贛部隊，使滇湘兩系矛盾加劇。朱培德離贛和魯滌平入贛，同時又使原來的贛滇矛盾轉變為贛湘矛盾，江西地方勢力由是將攻擊矛頭轉向魯滌平，他們以湘系連吃敗仗、無力「剿共」作為「驅逐湘系的理由」，「到處釀成了一種反客籍軍閥鬥爭，在南京組織救贛委員會，發表宣言痛罵魯滌平的剿匪不力」[16]，並再次紛紛請求南京政府派江西人劉峙回省主政，致使「贛人治贛的聲浪」再度「非常高漲」。由江西人掌控的省黨部，則致電在省外的李烈鈞、熊式輝、劉盧隱、程天放、桂崇基、曹浩森、周利生等二十多位江西籍黨政要員，要求他們「敬恭桑梓」，「聯翩歸來，共抒偉

15　《南昌社會局長熊國華竟列名共黨，魯滌平主張嚴懲》，上海《民國日報》1930 年 8 月 17 日。

16　《中共贛西南特委報告 —— 江西政治形勢及一、三軍團來江西作戰意見》（1930 年 10 月 25 日），《江西革命歷史文件彙集（1930 年，二）》，第 117-118 頁。

略」，以「謀鄉邦之福利」[17]。這些，使魯滌平的處境更為艱難。

財政窮困也仍然是施行省政的重大制約。魯滌平任內，建成南昌老營房飛機場和南昌至臨川的公路，也曾整理和發展瓷業、茶業，統計人口，緊縮開支，減低鹽斤附稅，整理靖衛團隊等，但與「訓政」、「自治」的要求相去太遠。為籌措軍費政費，魯悍然發行百萬元流通券，由省政府壓迫民眾使用，遭到抵制，「江西商家不用魯滌平流通券，以致低到三折，市面無法通行」；全省大部分地區成為紅色區域，賦稅及所有雜捐雜稅均無法收到；用慰勞「剿匪」軍名義向商家募捐，甚至以捉囚手段向有錢人勒捐，引起眾憤；一九三〇年十月，為籌集十萬軍隊入贛經費，省政府以「稅收短絀，庫空如洗」，竟在南昌征借兩個月的房租和派員到九江向商界勸銷一萬擔米護照、借鹽款十萬元。[18]加上厲行封鎖政策，全省「交通斷絕，商業衰落，商店關門，工人失業」，「魯政府經濟其實已是山窮水盡」。一直到一九三一年七月，南京國民政府決定每月由中央撥發十萬元，並允發行短期省庫券，江西財政窘困局面才略有緩和。

一九三〇年十二月，蔣介石到南昌組織指揮對朱毛紅軍的第一次大規模「圍剿」，成立南昌行營並以魯滌平兼任行營主任，同時針對社會上指責魯滌平、張輝瓚和江西省政府的言論，極力

17　《省執委會電本省旅外要人聯翩返贛共圖剿匪》，《江西民國日報》1931 年 6 月 14 日。

18　《江西省剿共軍費財廳派員赴九江籌劃》，《中央日報》1930 年 10 月 14 日。

為魯開脫[19]，江西統治階級內部的矛盾至此漸趨平息。其後，相繼在一九三一年一月設立以孫連仲為督辦的「江西清鄉督辦公署」，二月在南昌設立以王金鈺為督辦的「湘鄂贛三省邊防剿匪督辦公署」，三月成立以何應欽為委員長、魯滌平為副委員長的江西省地方整理委員會。整理委員會擁有指揮全省黨政事務的職權，直接對各縣發佈命令，實際上取代了省黨部、省政府的職權[20]。六月，蔣介石任命熊式輝為南昌行營參謀長，並設立以蔣介石為委員長，魯滌平、曹浩森、程天放為副委員長的黨政委員會，又在「圍剿」地區四十四縣設立九個黨政委員分會。江西省政務黨務，由此進一步轉入以協助「圍剿」軍事為中心，省政府、省黨部這時實際上已無獨立主事職能。蔣介石以贛人治贛的意圖，至此也已明朗。十二月，國民政府改組江西省政府，魯滌平主贛歷史遂告結束。

---

19 《蔣總司令在南昌發表談話》，《中華民國史事紀要》，1930 年 12 月 10 日。該談話說：「須知贛省共匪如此猖獗，贛省兵力如此單薄，贛全省幅員如此遼闊，而魯主席能以極少數兵力，保全江西大多數重要城市，絕不能謂其不盡職責，亦不能謂其應付無方」，要求江西民眾取協助政府態度，積極紓財儘力，作大規模之賑款捐勢，幫助籌措「剿共」軍費。

20 1931 年 2 月 26 日國民黨中常會第 129 次會議核准的《江西地方整理委員會條例》規定，該委員會的職權為：提出整理黨務、政治，軍事計劃及方案交各關係機關執行；審核黨務、政治人員交各關係機關分別任用；調查辦理黨務、政治、軍事不力人員交各主管機關予以處分。

第二節 ▶ 中央軍四次「圍剿」的連續敗北

一 第一次「圍剿」戰爭

　　江西等地方省區的聯合「會剿」，不但未能抑制紅軍的發展，紅軍在一九三〇年夏秋，反而向南昌、長沙進軍，對國民黨的統治形成極大的威脅。在中原混戰未了之時，南京政府即任命時為武漢行營主任的何應欽負責辦理「所有湘鄂贛剿匪事宜」，開始了由中央直接組織和指揮的對紅軍作戰。隨後，相繼任命譚道源、張輝瓚、胡祖玉分別擔任贛西、贛南、贛北「剿匪」司令，率部「進剿」。中原戰事剛一結束，蔣介石更是增兵江西，並在十一月中旬召開的國民黨三屆四中全會上，決定「親自率師赴贛督剿」紅軍。

　　十二月七日，蔣介石到達南昌，九日召開在贛師長以上將領軍事會議，部署「圍剿」。會後正式組建中華民國陸海空軍總司令行營，以江西省政府主席兼第九路軍總指揮魯滌平為行營主任。國民政府十二月十日發佈的訓令規定，行營指揮「剿匪」區域的一切部隊以及省政府的政務、省黨部的黨務[21]，具有絕對的權力。蔣介石下令在三至六個月內，完成「剿共」任務，並在赴南昌前及在南昌，連發《告湘鄂贛三省民眾書》、《告誤入共產匪黨民眾書》和《致湘鄂贛三省黨政軍人員一致努力剿匪訓令》等文令，要求刷新政治，爭奪民眾。指出中共宣傳民眾，而國民

21　詳見《中華民國史事紀要》，1930 年 12 月 10 日。

黨員離開民眾，中共組織人民，而國民黨部疏遠人民，是中共勢
力蔓延的主要原因，「過去黨員行為不檢，儼成社會上一特殊階
級，又何怪人民對本黨發生反感，而與共匪以離間之機」。他要
求國民黨員要以個人言行博民眾之信仰，政府要改革刷新政治、
勵精圖治，軍隊須嚴禁拉夫及強住民房惡習，餉項給養概由中央
發給而不准就地籌款，同時調查戶口、厲行保甲，「保甲成則地
方有自衛之力，戶口清則匪徒無藏匿之所，政府廉潔，則共匪亦
失鼓惑之資矣」**22**。還要求救濟民眾和獎勵民眾參與「圍剿」軍
事。這些要求，各地並未落實。

　　十二月中旬，南昌行營集中十二個師三個旅又三個航空隊約
十四萬人，西從江西萬安、東到福建建寧構成八百里戰略圍攻陣
勢，對已發展到四萬多兵力的朱毛紅一方面軍發動第一次「圍
剿」戰爭。其部署為：第六路軍朱紹良部居東部，以許克祥、毛
炳文、張貞、劉和鼎四個師和周志群旅，分別由宜黃、南豐和閩
北閩西向廣昌、石城方向推進；第十九路軍蔣光鼐部居西部，以
蔡廷鍇、戴戟兩個師經泰和、萬安向興國推進；第九路軍魯滌平
部擔任「進剿」主力軍，居中推進，以張輝瓚第十八師（張輝瓚
並任前線總指揮）、譚道源第五十師、公秉藩新編第五師由永
豐、樂安、吉安向東固、龍岡進攻；另以三個師分別守吉安、臨
川和南昌地區。中路以攻占東固為目的，採取「分進合擊」的戰

22　《蔣主席訓令三省當局努力剿匪，黨政軍人員應一致努力》，上海
　　《民國日報》1930 年 12 月 12 日。

略方針，於十二月十六日開始進攻，期將紅軍「包圍於寧都以北及東韶、東固間地區而殲滅之」[23]。二十日，張輝瓚師進至紅軍主動退出的東固，並與先一日到達的公秉藩師在晨霧中因誤會而發生激戰。公秉藩將誤會戰說成攻占東固的戰況報送南昌，南昌行營一片歡騰，立即將公師番號升編為第二十八師。其後，張師求勝心切，孤軍深入到龍岡一帶。[24]

這時，紅軍實行誘敵深入方針，已經退至根據地中心地區待敵。毛澤東、朱德等分析敵情，定下中間突破、圍殲譚道源、張輝瓚兩師的作戰計劃。從二十五日起，在寧都小布地區隱蔽設伏三天，因譚師不動而未果。二十八日，紅一方面軍總部得悉張輝瓚率兩個旅深入龍岡，立即改變計劃，決定集中紅一、三軍團主力攻擊龍岡，「殲滅該敵」。三十日，紅軍基本完成對張師的包圍，發動總攻，戰況激烈，張師突圍不成、增援無望，兩個旅九千餘人當晚被紅軍全殲，師長張輝瓚、代參謀長周緯黃、旅長王捷俊等被紅軍俘虜。紅軍緊接著轉向譚道源師，「決以全力撲滅譚師」[25]。但譚道源聞張師慘敗，立即向東韶撤逃。紅軍改圍殲為追擊，三日在東韶地區殲滅譚師一半，譚率殘部逃向南豐、撫州。進至頭陂、洛口的許克祥、毛秉文兩師聞訊即迅速經廣昌北

23 王多年：《反共戡亂》（蔣緯國總編著之《國民革命軍戰史》第四部）上篇第一卷，台北黎明文化事業股份有限公司 1980 年版，第 178 頁。
24 詳見公秉藩：《回憶第一次「圍剿」》，謝慕韓：《蔣介石對中央革命根據地第一次「圍剿」》，分見全國政協《文史資料選輯》，第 45 輯。
25 《紅一方面軍勝字第一號命令——進攻譚道源部的命令》，1931 年 1月 1 日。

逃南豐。至此，第一次「圍剿」以死亡數千、被俘萬餘官兵而告失敗。與此同時，對贛東北等革命根據地的「圍剿」，也被當地紅軍打敗。

在總兵力對比上處於弱勢的紅軍，能夠如此迅速乾脆地打敗國民黨大軍的「圍剿」，是成功執行毛澤東等誘敵深入、集中優勢兵力各個擊破敵人軍事思想的結果，也得益於動員起來的人民群眾的大力支持。這次作戰，開創了紅軍在內線運動作戰中以弱擊強的先例，鼓舞了革命根據地軍民的信心，擴大了紅軍和根據地在國內外的影響。作戰失敗對國民黨方面則影響很大，白崇禧說，國民黨「將士聽聞張輝瓚全師覆滅，心理上對共軍產生了莫名的畏懼，無形中增加共方之聲勢」，「影響以後之軍事很大」[26]。

二　第二次「圍剿」戰爭

第一次「圍剿」失敗後，當局始知紅軍「非等閒可比」，立即籌劃繼續作戰。蔣介石除加調部隊入贛外，派軍政部長何應欽「代理總司令職權指揮南昌、武漢兩行營，處理湘鄂贛閩四省剿共事宜，藉以統一指揮，而專責成」[27]，要求在三個月內「肅清」紅軍。

一九三一年二月四日，何應欽帶著德國軍事顧問佛采爾抵達

26　《白崇禧回憶錄》，解放軍出版社 1987 年版，第 85 頁。
27　《贛鄂湘剿匪新形勢》，《江西民國日報》1931 年 2 月 22 日。

南昌，重組南昌行營並兼任行營主任，開始佈置第二次「圍剿」。蔣介石分別從湘南和魯南調來第五、第二十六路軍，連同在贛的第六、第九、第十九路軍及福建、廣東的地方部隊，使此次「圍剿」的總兵力，達到二十個師又三個旅，並配以空軍三個航空隊，約二十萬人。在作戰方針上，何應欽鑒於第一次「圍剿」分進合擊方針的失敗，拒絕了德國顧問佛采爾提出的快速包圍、分割圍殲的閃電戰主張[28]，決定採取穩紮穩打、步步為營的方針，集中主力由閩西、贛北、贛西三個方向向贛南「進剿」，以圖步步壓縮和圍殲紅軍。

　　蔣介石、何應欽等總結「因過去錯誤而失敗的教訓」，還要求加強黨政配合，認為「要消滅共匪，非黨政軍全體總動員，集中力量團結意志不能挽救危機，軍事只可以治標，正本清源以及休養生息的種種任務，是望政府和黨部來擔當責任」[29]。為此，三月成立了以何應欽為委員長的江西省地方整理委員會，以求黨政軍統一意見、整齊步驟、緊張精神，即「團結黨政軍的力量，根本上達到肅清共匪的目的」[30]。四月九日，何應欽以江西省地方整理委員會名義電令各縣縣長，限令到之日起，有紅軍活動之瑞金等三十二縣，在三個月內招集流亡，辦理善後，組織保衛

28　吳首天：《德國軍事顧問與蔣介石政權》，《民國檔案》1988 年第 1
　　期。
29　《何應欽在贛歡宴各界之演說》，《江西民國日報》1931 年 2 月 26
　　日。
30　《何應欽在行營總理紀念週的講話》，《江西民國日報》1931 年 3 月
　　21 日。

團，包括清查戶口，辦理連坐，訓練團丁；其餘各縣限兩個月內將保衛團組織完畢，不得託故因循。並稱整委會將以最嚴密之審核調查，厲行獎懲，如期完成者，確保其任期三年；逾期無成績者，立即撤懲；瀆職者，加罪不赦。[31]此外，整委會還決定修築吉安到東固公路以利「進剿」，通過《處理附亂人民辦法》、《鄰右連坐暫行辦法》等震懾人民與紅軍聯繫的嚴厲法令。全省城鄉，一時出現緊張、肅殺的氣氛。

三月二十七日，南昌行營下達總攻擊令，令各路部隊四月一日開始向贛南紅軍攻擊前進，第二次「圍剿」戰爭至此打響。由於「各部均伐木燒山前進」，贛南山區開始備遭破壞。

紅軍主力此時為三萬多人，對反「圍剿」戰爭的準備較為充分和嚴密，人民群眾「熱烈參戰」的情緒很高，「全部指揮員和戰鬥員的精神積極，勝敵的自信心很強」[32]。特別是中共蘇區中央局和紅軍總部為統一作戰方針，經過十多天間三次大的激烈討論後達成一致意見，決定接受毛澤東的提議，實行由西向東橫掃的作戰方針。當時，國民黨軍已大致形成戰略包圍態勢，西路王金鈺第五路軍四個師由泰和、吉安、永豐分四路向富田、水南、白沙、藤田一帶進攻；中路孫連仲第二十六路軍兩個師由崇仁、宜黃分兩路推進招攜、中村和橫石地區；東路朱紹良第六路軍三

31　中國社會科學院近代史研究所中華民國史研究室編《中華民國史資料叢稿・大事記》，第 17 輯（1931 年），中華書局 1983 年版，第 51 頁。

32　《蘇區中央局報告》，1931 年 7 月 8 日。

個師由南豐分三路攻向廣昌、頭陂地區；在贛南的蔣光鼐第十九路軍兩個師由興國向城崗推進，在福建的劉和鼎五十六師進到贛閩邊界。據此態勢，紅軍決定由西向東反擊，第一步先打進到富田的王金鈺部，然後依次向東打敵中路、東路，以消滅敵軍主力為目的，打破第二次「圍剿」。

作戰完全按照紅軍總部的預想進行。五月十六日，西路公秉藩第二十八師在吉安縣中洞陷入紅軍包圍，激戰後全師覆滅，公秉藩被俘後化裝逃出，進到富田的四十七師一個旅也隨同被殲。十九日，四十七師餘部與郭華宗四十三師會合後，被紅軍包圍在吉水縣白沙，郭師大部及四十七師一個旅被殲，第五路軍至此無力再戰，在第十九路軍策應下退回興國。二十二日，紅軍繼續向東反擊，在永豐中村殲滅高樹勳二十七師兩個多團，第二十六路軍由是全部北撤樂安等地。進至廣昌的第六路軍隨後遭到紅軍攻擊。紅軍二十七日對防守廣昌的胡祖玉第五師、毛炳文第八師發起進攻，毛師在陣地被突破後逃向南豐，胡師與紅軍進行激戰，一天後廣昌城破，胡祖玉受重傷（6 月 3 日在南昌法國醫院不治），胡師大部被殲。此戰因是攻堅，紅軍損失也大，「死傷四百人左右，槍枝所得極少」[33]。三十一日，紅軍繼續向東進攻福建建寧劉和鼎師，劉師四個團被殲三個團，劉率殘部逃向延平，

33　《總前委第三次會》（1931 年 5 月 28 日），中共江西省委黨史研究室編《江西黨史資料》第 18 輯（中央革命根據地第二次反「圍剿」專輯），1991 年印行，第 115 頁。

紅軍繳獲的西藥可供一方面軍半年之用，成為最大的戰利品。

從五月十六日至三十一日，由於紅軍由西向東橫掃七百里，發起五次作戰，五戰五勝，殲滅「圍剿」軍三萬多人（自身傷亡約 4000 人），戰爭態勢已明顯對國民黨軍不利。南昌「行營以第五路軍各師先後遭匪擊破，第二十六、第六路軍亦均有失利」[34]，下令各部相繼後撤，第二次「圍剿」遂告結束。

三　第三次「圍剿」戰爭

如果說，蔣介石對第一次「圍剿」失敗還較鎮靜，認為「乃事之當然，不足為怪」，那麼，對第二次「圍剿」的失敗就感到震驚了。一九三一年六月六日，蔣介石發表《告全國將士書》，宣稱「赤匪」是「民族最大之禍患」，「誓集全國之心力」，「不顧一切，決定以殲滅赤匪為唯一之急務」。同日，應召與蔣介石商談「剿共」事宜的淞滬警備司令熊式輝也對記者說，中央認為當今最大隱患為「共匪」，決定「以全國力量集中贛省，限一個月內將其肅清，最多不得超過兩個月」，蔣將親往「督剿」[35]。十五日，國民黨三屆五中全會通過《為一致協力撲滅赤匪告全國同胞書》，進行全國性總動員。國民黨中央對紅軍的重視，達到新的高峰。

34　王多年：《反共戡亂》上篇第一卷，第 210 頁。

35　中國社會科學院近代史研究所中華民國史研究室編《中華民國史資料叢稿・大事記》，第 17 輯（1931 年），中華書局 1983 年版，第 89 頁。

六月二十二日，蔣介石抵達南昌，自任總司令，親自主持第三次「圍剿」軍事。蔣介石在人事、兵力部署、作戰方針和政治策略等許多方面，作出重要的變動。在人事和兵力部署上，調熊式輝來贛擔任南昌行營參謀長，參與指揮軍事。調集二十三個師又三個旅約三十萬兵力參加作戰，尤其是首次使用中央軍嫡系主力陳誠、趙觀濤、蔣鼎文、衛立煌、羅卓英等十餘萬部隊，作為「進剿」的主力軍。將部隊區分為左右兩大集團軍，集團軍內分編軍團和進擊軍，以嫡系部隊為進擊軍，專任全力攻擊前進任務，各軍團部隊賡續推進，守護和鞏固進擊地區。任命何應欽為前敵總司令兼左翼集團軍總司令，駐撫州（撫州從此成為數年間「圍剿」革命根據地的次大本營和最主要的進攻方向），指揮第一路進擊軍趙觀濤部一個師、第二路進擊軍陳誠部二個師、第三軍團朱紹良部三個師、第四軍團蔣鼎文部三個師，從南豐、南城方向進攻；廣東省政府主席陳銘樞為右翼集團軍總司令，駐吉安，指揮第三路進擊軍上官雲相部三個師、第一軍團蔣光鼐部三個師、第二軍團孫連仲部三個師，從吉安、永豐方向進攻；另置總預備軍衛立煌部（集結於宜黃地區）、吉泰萬贛四縣守備軍、贛閩邊境防堵軍等五個師又三個旅，以及空軍毛邦初指揮的五個航空隊，配合行動。蔣介石採納德國軍事顧問團團長佛采爾的建議，實行厚集兵力、長驅直入、分進合擊的作戰方針，意圖以絕對主力迅速南下，尋求紅軍主力決戰並擊破之，搗毀紅軍根據地，最終實現包圍「剿滅」贛南紅軍之目的。

在政治策略方面，蔣介石採取黨政軍配合、「剿撫兼施」、爭取民眾和厲行軍紀等措施。其一，六月底，成立「陸海空軍總

司令行營黨政委員會」，蔣自任委員長，魯滌平、曹浩森、程天放為副委員長，內設黨務、政務兩設計委員會和秘書、黨務指導、地方自衛、地方賑濟、考核等五個處，同時在「圍剿」地域四十三縣分設九個黨政分會，各設委員長一人，委員兩人。按照《黨政委員會組織條例》和《黨政分會組織條例》的規定，前者負責設計、籌劃、指導、推進和考核「剿匪區域」的黨務、政務，後者「秉承黨政委員會之命，綜理本區各縣之黨務政務」。這個組織的設立，完全掌握了江西縣級以上的黨政權力，從組織上進一步完善了黨政對軍事的配合機制，並導致了其後江西地方政治制度的一個重大改變。其二，在向全國發表告民眾、告將士、告官吏、告黨部人員四書後，蔣介石再發出《敬告江西各界同胞書》，要求民眾與政府、軍隊合作，地方耆紳挺身負責，「誓滅赤匪」，同時宣佈在行營設立「納言櫃」，凡「對於剿匪方策，地方善後，官吏失職，行軍紀律等事，均可盡量密告，中正自當親為拆閱，採納施行」[36]。訓令江西

・蔣介石在南昌發表「圍剿」講話
（《中國共產黨江西歷史圖志》）

36　該書載《中央日報》1931 年 7 月 2 日。

各縣縣長死守城池,「凡因公殉難者由國府重恤,畏敵棄城者殺無赦」;各縣須在七月十五日成立保衛團,「協助清鄉,實行自衛」;實行《保甲條例》,嚴密控制民眾。其三,嚴明軍紀,在軍隊「實行連坐法,如師長未退,旅團長先退者,殺無赦;旅長未退,團營連長退者亦同,余以類推」[37]。七月二十三日,在南昌行營發表的「剿匪宣言」中,蔣介石還正式宣佈實行「攘外必先安內」的國策。這樣,就形成了一道配合軍事進攻的嚴密的政治「圍剿」陣勢。因此,有研究者認為,這次「圍剿」雖然在攻擊戰術上尚無改變跡象,但局部採用了「利用民團游擊」及「黨政軍民合作」,則是新的構想[38]。

更有甚者,蔣介石還決定對革命根據地群眾採取殘酷的燒殺政策。在他給部隊官長所發的電文中,纍纍出現這樣的命令:八月十六日,電趙觀濤、衛立煌:「務照昨電將黃陂、小布及附近大小村莊,全部燒燬勿遺,免多費兵力分防。」八月二十一日,電熊式輝:「對匪巢只有焚燒乃能解決,請派飛機設法暫停轟炸,而專用火油在欲燒之區域內,使皮帶或分水口分佈火油,如此分割區域,每區域焚三日,使匪恐怖不能立足,並請即令各部焚燒。」八月二十四日,電蔡廷鍇、陳誠、趙觀濤:「此次進剿,大金竹附近凡匪化最深鄉村,及我軍不便常駐之處,與將欲

37　《蔣令剿赤將士實行連坐》,《申報》1931 年 7 月 7 日。
38　曹伯一:《江西蘇維埃之建立及其崩潰(1931-1934)》,台北政治大學東亞研究所 1969 年版,第 258 頁。

移動他調之時，須將其附近村落焚燬淨盡。所有糧秣搬運至集積地點，有餘則亦燒燬之，萬不可姑息，免貽匪患。如欲使匪恐怖，以斷其回巢之路，並免我將士東西奔逐之勞，惟有此焚燒平毀之一法也。」八月二十七日，急電衛立煌：「該師由東韶蔭山大金竹至招攜間，所經過沿途大小村，務須洗燒淨盡，勿稍遺留，免貽匪患為要。」[39]如此等等，可見蔣介石為求斷絕人民與紅軍的聯繫，已是無念民生，不顧一切。

七月一日，蔣介石下達「進剿」命令，發動第三次「圍剿」。左翼軍的兩路進擊軍第十一師羅卓英部、十四師陳誠（兼）部和第六師趙觀濤部，迅速南下廣昌、石城、寧都，切斷贛閩邊界，致使在閩西北的紅一方面軍無法由此直接返回江西根據地。紅軍主力這時僅約三萬人，不得不於七月十日實行千里回師，從建寧一帶繞道閩西於月底集中到興國高興圩地區準備作戰。中共蘇區中央局曾有電報記載此次雙方作戰實況：「七月敵軍乘虛三次進攻，我軍由閩返贛，繞道長汀、瑞金，兩月奔馳，全無休息，疲睏已極，傷病甚多。既入興國，倉卒應戰，初向富田，折回興國，由西向東，深入黃陂。又疾馳五百里。在約三個星期中，出入敵軍重圍之中，爭取良村、黃陂兩役勝利，到八月十六日兩次被敵包圍，是為一年來三次戰爭中最艱苦的時節。但敵在

39　均為台北國史館藏「蔣中正總統檔案」，轉引自張憲文《從「大溪檔案」史料析二三十年代蔣介石的軍事政治戰略》，《南京大學學報》2000 年第 1 期。

我群眾堅壁清野政策之下，日食不飽，油鹽告絕，飢疲較我尤甚。八月下旬，我軍方得休息，敵則不能，疲睏至極，又找紅軍不到，陷於進退維谷。」[40]蔣介石遂於九月初下令撤退。豈料紅軍趁其撤退之機，發動追擊，七日在興國老營盤追殲蔣鼎文師一個旅，並在高興圩地區與第十九路軍兩個師發生激戰，十五日在東固附近殲滅韓德勤師。「狂風暴雨」式的第三次「圍剿」作戰至是結束。

這次作戰，蔣介石損兵三萬，失槍一點二萬支，陣亡副師長一人，部隊將領曾發出「肥的拖瘦、瘦的拖死」的慨嘆。紅軍和根據地也受到重大損失。紅軍在興國高興圩與「蔣蔡兩師血戰七晝夜，成相持之局，我敵傷亡各二千餘人」，陣亡四師師長鄒平、十一師師長曾士峨，紅三軍軍長黃公略緊接著在東固被敵機炸傷犧牲，整個反「圍剿」作戰紅軍傷亡指戰員六千餘人，「中下級幹部死傷數目頗大，紅軍戰鬥力較前弱」[41]。正是考慮部隊「損傷過大，若繼續作戰，必使精華過損」，紅軍總部遂「決定結束三期戰爭」，主力轉移到瑞金進行休整。根據地同時受到前所未有的破壞，國民黨軍「於退卻時，將東固、崇賢、楓邊、方太、龍岡、君埠、南坑、黃陂、小布、東韶、中村、石馬、大九

40　《蘇區中央局 10 月 3 日自瑞金來的長電》，中共江西省委黨史研究室編《江西黨史資料》第 19 輯（中央革命根據地第三次反「圍剿」專輯），1991 年印行，第 133 頁。

41　《蘇區中央局 10 月 3 日自瑞金來的長電》，中共江西省委黨史研究室編《江西黨史資料》第 19 輯第 133-134 頁。

〔金〕竹等地房屋燒燬乾淨，敵軍新過，田禾充作軍食，豬牛殺盡，器物毀壞，受害群眾十餘萬家」[42]，「他們的足跡所到的地方，十有十處是變為焦土，片瓦無存。國民黨此次所施用於中央蘇區的殘酷行為，真是空前未有！」[43]這些地方，涉及到吉安縣南部、興國縣北部、寧都縣北部、永豐縣南部和樂安縣南部，是一個廣大的地域範圍，燒殺的惡劣影響在這一地區延續達數十年之久。

九月二十九日，國民黨中央以江西「剿共」軍事告一段落，下令撤銷南昌行營。十月二十一日，國民政府任命何應欽為駐贛綏靖公署主任（12 月改由朱紹良繼任）。十二月，撤銷江西省黨政委員會，相繼改組江西省政府、江西省黨部。與此同時，因紅軍作戰勝利和全國抗日浪潮的影響，原南下江西參加「圍剿」戰爭的第二十六路軍一點七萬餘人，由中共組織領導和協助，趙博生（共產黨員）、董振堂、季振同、黃中嶽等率領，於十二月四

42　《蘇區中央局十月三日自瑞金來的長電》（1931 年 10 月 3 日），中共江西省委黨史研究室編《江西黨史資料》第 19 輯，第 133-134 頁。

43　《十二軍參加三期戰爭的經過》（1931 年 11 月 6 日），《江西黨史資料》第 19 輯第 148 頁。國民黨軍在革命根據地燒殺的事實也屢見於報刊等，如 1931 年 7 月 22 日《申報》載：在東固地區「我軍除以大砲炸彈猛轟外，並由飛機擲彈燃燒，連日東固一帶山嶺，火勢熊熊，樹木亦燒燬」；《陸軍第十六軍第五十三師剿匪紀實》載：「旋奉上峰電令，以東固匪巢人民匪化已深，無法挽救，著以東固為中心點，縱橫 25 里一律平毀淨盡，格殺無餘。本師遵即妥為計劃，切實奉行」；1931 年 9 月 5 日上海《大公報》載：「寧都屬之蓮塘，31 日有農會開會，被孫連仲部探悉，派部偽裝赤匪衝入猛擊，斃匪 200，傷 400」，等等。

日在駐地寧都舉行起義，加入紅軍，被改編為紅五軍團。寧都起義使紅軍的戰鬥力大增，江西的軍事、政治態勢，由此有了一個較大的變化。

四 第四次「圍剿」戰爭

第三次「圍剿」失敗後，江西各革命根據地進入穩定發展的時期。南京政府面對九一八事變後日本帝國主義的瘋狂侵略，一面進行了一·二八淞滬抗戰，一面拒絕在贛部隊北調加入抗日作戰的要求，下令繼續圍攻紅軍。一九三二年二月四日，紅軍攻打贛南中心城市贛州，與守軍馬昆旅作戰三十三天，攻城四次，不克而轉向福建。在第十八軍陳誠部等增援下解圍贛州前後，南京政府復令廣東陳濟棠派兵加入江西「剿共」。陳隨即與江西綏署主任朱紹良商定分路「圍剿」贛東北、贛南、湘贛紅軍的計劃，並派兩個航空隊二十多架飛機到贛州助戰。

四月十九日，面對紅一方面軍攻打福建漳州的軍事形勢，南京政府再次調整「圍剿」指揮機構，成立贛粵閩邊區「剿匪」總司令部，派何應欽為總司令，陳濟棠為副，「積極準備贛粵閩剿匪事宜」。五月一日，何到南昌主持「圍剿」軍事。他總結出二條經驗教訓，一是認為「上年剿匪，調集大軍十數萬，圍剿經年，收效甚微，原因雖多，而我軍不注重精神教育實為主因」，提出要注重軍隊精神教育，「除去畏匪心理」[44]；二是認為江西

44 中國社會科學院近代史研究所中華民國史研究室編《中華民國史資

交通不便，妨礙軍事行動，要求中央迅撥巨款，趕緊修築江西公路和輕便鐵路。[45]同時，他做出一個新的「進剿」方案，將在贛的四十個師又四個旅的部隊，分為九路，依次任命余漢謀、陳誠、李揚敬、蔡廷鍇、白崇禧、朱紹良、譚道源、趙觀濤、孫連仲分任各路司令官；將「進剿」區劃為贛西南、贛南、贛東北、贛西北、贛西和閩南等六個區，令各路部隊分區「進剿」。同時要求黨政力量協同動作，推行清查戶口，辦理保甲，招輯流亡，修築公路，繁榮農村，以及宣傳三民主義。何應欽「期以軍政兼施，逐步清剿，先求肅清各區之散匪，再對贛南匪巢發動第四次圍剿」[46]。其後，國共雙方軍隊在各地小規模作戰不斷，但這個方案也沒有全部落實。

六月十五日，蔣介石在廬山召開鄂豫皖贛湘五省「清剿」會議，制定第四次「圍剿」計劃。蔣介石等決定，採取「三分軍事，七分政治」的「軍事與政治並重」方針，分兩步「圍剿」工農紅軍，第一步先「肅清」鄂豫皖三省紅軍，第二步再轉向江西。在基本實現第一步目標後，十二月三十日，贛粵閩邊區「剿匪」總部下達對江西中央革命根據地進行第四次「圍剿」的命令，決定集中二十九個師又兩個旅約四十餘萬兵力，分三路向根

料叢稿・大事記》，第 18 輯（1932 年），中華書局 1989 年版，第 99 頁。

45　《申報》，1932 年 5 月 6 日。

46　王多年：《反共戡亂》（蔣緯國總編纂之《國民革命軍戰史》第四部）上篇第三卷，台北黎明文化事業股份有限公司 1980 年版，第 175-176 頁。

據地「分進合擊」：以蔡廷鍇第十九路軍等部六個師又一個旅為左路軍，余漢謀部粵軍六個師又一個旅為右路軍，分別擔任福建和贛南粵北攻防任務，策應中路軍行動；以陳誠為中路軍總指揮，率十二個師約十六萬人擔任主攻，在總預備隊和守備南城、南豐、樂安、崇仁、永豐地區的四個師又兩個旅的配合下，從北面南下攻擊前進。中路軍所轄各部被國民黨人公認為「黃埔建軍以來革命軍之骨幹」[47]，是蔣介石的嫡系，最具有戰鬥力。與此同時，蔣介石還部署了浙贛閩邊區「剿匪」總部以兩個師圍攻贛東北紅軍方志敏部、譚道源部三個師圍攻湘鄂贛紅軍孔荷寵部、第十五師王東原等四個師圍攻湘贛紅軍蔡會文、蕭克部，並在各進攻部隊之外，配備相同乃至更多的防堵部隊。

一九三三年一月，陳誠執行先期「清剿」金溪地區紅軍，鞏固撫州，繼以主力圍殲活動於黎川、建寧、泰寧地區主力紅軍並向贛南「進剿」的計劃，將中路軍劃分為三個縱隊行動。以吳奇偉為第二縱隊總指揮，率四個師經臨川、南城、南豐南下，側擊黎、建、泰，截斷紅軍歸路；以趙觀濤為第三縱隊總指揮，率四個師由金溪正面進攻黎川，尋找紅軍主力決戰；以羅卓英為第一縱隊總指揮，率最精銳的第十一、五十二、五十九師從宜黃、樂安進攻寧都、廣昌，襲擊中央革命根據地腹部。紅一方面軍參戰兵力約七萬人，這時在總司令朱德、總政委周恩來指揮下，決心

47　曹伯一：《江西蘇維埃之建立及其崩潰（1931-1934）》，台北政治大學東亞研究所 1969 年版，第 266 頁。

乘敵展開部署之際，由黎川北上衝破敵之計劃，五日在南城北黃獅渡一戰殲滅周士達一個旅，八日紅軍右縱隊在金溪以西滸灣擊潰兩個師，左縱隊在黃獅渡再殲一個旅。紅五軍團副軍團長兼十三軍軍長趙博生在作戰中犧牲。

　　陳誠部「進剿」軍首戰失敗，引起江西省政府主席熊式輝的擔憂。一月二十一日，熊式輝派彭醇士為省政府代表，赴南京請蔣介石來贛坐鎮指揮「圍剿」。二十九日，蔣介石到達南昌，次日對江西省黨部訓話，指出此次「剿匪」之成敗關係中國的整個前途和存亡，「剿匪」的經驗和要點是硬幹、實幹、快幹和提倡實踐禮義廉恥，要求江西所有人尤其是負黨務、政治、軍事責任的人，「共同一致來努力剿赤」[48]。三十一日，蔣主持召開有熊式輝、陳誠、孫連仲、賀國光、羅卓英、吳奇偉等參加的高級軍事會議，研究部署進攻行動。二月六日，蔣介石決定自兼閩粵贛邊區「剿匪」總司令，七日在南昌設立軍事委員會委員長行營，以熊式輝為參謀長，錢大鈞為辦公廳主任，並羅致贛籍名流要人入幕與事，增調駐宜昌的蔣鼎文第二軍來贛作戰。

　　二月上旬，陳誠面對紅軍攻擊南豐、打其增援的作戰計劃和對南豐的進攻，下令五個師分三路增援南豐，尋找紅軍決戰，其中尤以第一縱隊三個師進展迅速。紅軍總部則決定「以主力由左打到右，迅速解決敵五十二師次及五十九師，逐次由左向右打擊

48　《中華民國史事紀要》，1933 年 1 月 30 日。

由宜黃來援之部隊，即繼續消滅蕭乾的十一師」**49**。二十七日，五十二、五十九師分為左右兩路，進至宜黃黃陂地區。五十二師首先在登仙橋、大龍坪、蛟湖一帶山地遭到紅軍伏擊，五十九師進至霍源、西源一帶時，也被紅軍分割包圍，激戰到二十八日，五十二師全師覆滅，師長李明重傷被俘，旋即不治；五十九師大部被殲，上任不足兩個月的師長陳時驥及旅長方靖等被俘，僅一個團逃脫。一戰即失兩個精銳主力師，為國民黨軍在江西作戰以來所未有，這也是紅軍首次實行大兵團伏擊戰取得的重大勝利，在紅軍戰史上被稱為黃陂大捷。

兩師被殲，打亂了陳誠的部署。陳誠遂將三個縱隊縮編為兩個縱隊，將分進合擊戰略改變為兩縱隊重疊作中間突破，吳奇偉縱隊在前、羅卓英縱隊在後，以占領廣昌、取得政治影響為目標，梯次輪番向東南搜索前進。紅軍總部作出殲滅羅縱隊以打破「圍剿」的計劃，三月二十一日晨，以絕對優勢兵力伏擊遠離吳縱隊及後續部隊、孤軍進入草台岡、徐莊地區的羅縱隊第十一師。該師是蔣介石嫡系部隊中戰鬥力最強的「王牌」師，也是陳誠的起家部隊，故而戰鬥異常激烈，雙方接戰不久即進入白刃戰。激戰到下午，十一師大部被殲，師長蕭乾、參謀長和三十一旅旅長負傷，獨立旅旅長陣亡，團營長死傷多名，連排長傷亡殆盡，全師僅餘二千餘人。跟隨前進的五十九師殘部一個團及增援

49　朱德：《黃陂東陂兩次戰役偉大勝利的經過與教訓》（1933 年 5 月 28 日），《朱德選集》，人民出版社 1983 年版，第 10 頁。

的第九師一個團亦被殲滅。紅軍繳獲極豐，戰後打掃戰場達一星期，才撿盡戰利品。

敗訊經熊式輝密報蔣介石：「江西剿匪前有第五、第二十七、第九十二師之損失。最近一月以來有第五十九、第五十二、第十一各師之挫敗，計師長死傷四員、旅長六員、團長十六員，步槍損失當以萬計，前次損失尚不在內。」四月十日，國民政府軍事委員會對失敗將領進行懲處：陳誠以「驕矜自擅，不遵意圖」降一級，記大過一次；第五軍軍長羅卓英以「指揮失當，決心不堅」革職留任；第十一師師長蕭乾以「驕矜疏忽」記大過一次。羅卓英也自認「在今日已成黨國之大罪人」。

由於「中路軍受重大損失，以致士氣疲憊，鮮有成果」[50]，南昌行營察覺部隊已無力繼續尋找紅軍作戰，遂令各部轉取守勢，固守樂安、宜黃、南豐、南城和撫州各堅城，第四次「圍剿」於三月下旬結束。對贛東北、湘贛和湘鄂贛的「圍剿」，也在此前後相繼被擊破。

第三節 ▶ 第五次「圍剿」戰爭

一 「圍剿」新方略的確定

一九三三年四月一日，江西省主席熊式輝向國民政府主席林

50　王多年：《反共戡亂》上篇第三卷，第236頁。

森、軍事委員會委員長蔣介石和行政院長汪精衛發出告急密電，報告「圍剿」失敗情況和紅軍動態，稱「現在匪勢益張，昨復擾及新淦，贛東、贛西小股逐漸蔓延，坐視其大而莫能制。資溪、黎川為贛閩浙間要地，失陷數月迄不能收復，近且進擾南城、金溪，赤化民眾，如火燎原。贛南大股攻城略地，更無可奈何」，「務請中央速籌辦法，加調得力部隊，並立即派大員來此督剿。現在各軍士氣已餒，若再敷衍，將全局崩潰，不可收拾矣」[51]。熊式輝把情況說得如此嚴重，不能不引起國民黨中央的重視。四日，蔣介石即離南京趕赴江西，再次部署「圍剿」戰爭。

這一次，蔣介石不再急於匆忙進攻，而是用了半年多的時間從整頓部隊、研究方略和動員資源等方面入手，周密準備第五次「圍剿」戰爭。

第一，調整、建立指揮機構。五月一日，蔣介石編組「中國國民黨贛粵閩湘鄂剿匪軍」，下分北、南、西路軍，分別任命劉峙、陳濟棠、何鍵為各路總司令，準備四面合圍江西蘇區。陳、何即於六月一日在廣州、長沙宣佈就職，河南省主席、江西人劉峙原在四月上旬即被調來贛擔任「剿匪」軍總司令，並到撫州組織「撫信清剿督辦公署」，整理和指揮在贛部隊，但他不願或不敢擔任總司令，僅表示以河南隨軍主任名義暫駐江西。因此，其職先由蔣介石暫兼，其後改派江蘇省主席顧祝同接任。在各路軍

51　《熊式輝致林森、蔣介石、江精衛密電》，1933 年 4 月 1 日，原件存中國第二歷史檔案館。

之上，又於五月二十一日再一次在南昌成立「中國國民黨軍事委員會委員長行營」，作為指揮第五次「圍剿」的最高指揮機關。蔣介石任命江西省主席熊式輝兼任行營辦公廳主任，賀國光、晏勛甫、劉興、朱懷冰分任軍事、宣傳、訓練、黨務四廳廳長（後合併為兩個廳，增設賀衷寒為主任的政治部）。這次組織的南昌行營，是歷次「圍剿」中規模最大、為時最長的一次，並且由於蔣介石經常駐在江西，引致國民黨政治軍事中心的轉移，而使南昌行營具有至高無上的顯要的地位。當時的著名學者、準備入閣的蔣廷黻一九三四年初應蔣介石邀約到南昌行營相見後說：「蔣在南昌的行營，可以說是當時中國真正的首都。軍事行動之外，行營更致力於政治、財經措施。為了上述工作，創立了農民銀行。中央公開表示：剿共工作是七分政治、三分軍事。從報紙上我們獲悉行營秘書長楊永泰和江西省主席熊式輝正協助蔣計劃政治和經濟。」[52]

第二，整頓部隊，開辦廬山軍官訓練團。蔣介石總結歷次失敗的原因，認為很重要的一條是部隊紀律散亂、貪生怕死、缺乏信仰、沒有靈魂。為此，他於六月下令籌辦大規模的廬山軍官訓

52　《蔣廷黻回憶錄》，岳麓書社 2003 年版，第 155 頁。關於南昌行營的地位，胡漢民在 1934 年也有一個說法：「兩年以來的南昌行營，變成了南京統治的黨政軍中樞，軍閥個人變成了黨政軍中樞之核心。所謂南昌行營，尤變成了駕乎中央黨部、國民政府的太上黨部和太上政府；軍事政策決於是，政治政策決於是，甚至外交政策也決於是，行營的通令和軍閥的手令，其效力遠居於中央黨部的決議和國民政府的明令之上。」

· 廬山軍官訓練團（中國歷史圖說）

練，以便整頓部隊，使官兵克服害怕紅軍的心理，「堅定其對於主義之信仰」[53]，「恢復軍人靈魂」。同時進行山地作戰和構築碉堡的訓練，以提高部隊的作戰技能。「中國國民黨贛粵閩湘鄂北路剿匪軍官訓練團」設在廬山海會寺，蔣介石任命陳誠兼軍訓團團長，調集大批高級軍事、政治人員，包括各兵種、訓練總監部的「優秀官長」、陸軍大學校長、教育長「及騎、炮、工兵各校長帶同最優教官」[54]，會同德國軍事顧問擔任軍訓團教官，他自己也經常出席訓話。從七月十八日開學到九月十八日結束，軍訓團分三期共訓練北路軍從團長到排長的中下級軍官七千五百九

53　廬山軍官訓練團：《教育訓練大綱》。
54　《軍事委員會委員長蔣中正致訓練總監部代總監朱培德電》，1933 年
　　6 月 30 日。

· 蔣介石 1933 年夏視察廬山軍官訓練團

十八人。[55]國民黨軍軍官佩帶「中正劍」也從廬山訓練始。廬山軍官訓練和同時舉辦的廬山黨政人員訓練（訓練北路軍、西路軍黨政人員 1000 多人），是蔣介石整頓部隊以提高精神力、戰鬥力的重要措施，確實收到了相當大的成效。與此同時，蔣介石還對部隊編制進行改革，裁去旅一級指揮機構，由一師轄二旅六團改為一師直轄三團，大大增強了部隊的指揮效率。

第三，研究對策，決定「圍剿」新方略。從四月到七月，蔣

55 廬山軍官訓練團編：《廬山訓練實紀》，江西全省印刷所代印，第304-306 頁。總人數中有一小部分為陸軍大學學員、中央軍校暑期訓練班人員及稅警團、交通兵團、浙江保安處等單位人員。關於廬山軍官訓練團的詳細情況，可見陳榮華、何友良著：《廬山軍官訓練團》（江西人民出版社 1987 年版）。

介石相繼在南昌、盧山召開七省「剿匪」會議、軍事整理會議、七省保安會議、五省軍事會議、四省黨務會議、盧山軍政會議等各種會議，並到撫州等前線視察部隊，研究策劃戰爭新方法。蔣介石首先著力分析歷次失敗的原因和紅軍的特點，認識到與紅軍作戰，不是打軍隊數目的多寡，槍砲彈藥的精粗和餉械被服的接濟，「我們和他打的，第一是組織，尤其是軍隊的編制和民眾的組織；第二是訓練，就是訓練士兵和民眾的方法；第三是宣傳，就是宣傳主義來鼓勵軍民的精神；第四是紀律，就是使官兵用命，不怕死，不擾民；第五是戰術，就是如何運用原則因地制宜，相機應變，知己知彼，取長補短」，要從這五個紅軍所長的方面，來研究「今後剿匪的戰術和戰略」[56]。也就是說，和紅軍作戰，主要「不是武器戰，而是組織與精神戰」[57]。這些說明，蔣介石在「圍剿」戰爭的指導思想和策略方針上都發生了重大的變化。據此指導思想和策略方針，以七月二十三日的盧山軍政會議為標誌，第五次「圍剿」的新方略全部形成。該方略以三分軍事、七分政治為指導原則，吸納歷次「圍剿」的經驗教訓和部分做法，形成一個以軍事為主，包含政治、經濟、交通、思想文化等各方面內容的「以武力為中心的總體戰」[58]戰略。該方略的制

56　蔣介石：《剿匪技能之研究》，1933 年 4 月 25 日。

57　蔣介石：《在江西省整委會第四次擴大紀念週的講話》，1933 年 5 月 15 日。

58　王多年：《反共戡亂‧顧祝同序》，台北黎明文化事業股份有限公司 1980 年版，序，第 3-4 頁。

定及其實施，成為蔣介石最後贏得戰爭的主要原因。[59]這一方略的要點是：

一是實施所謂精神上的戰爭，發動全國規模的配合「圍剿」軍事的宣傳攻勢，宣揚對國民黨蔣介石的「中心信仰」，鼓吹「攘外必先安內」的基本國策，壓制要求抗日的情緒，宣佈對「侈言抗日」者「殺無赦」（當時陳誠、羅卓英等許多在贛將領，均曾要求北上進行抗擊日本帝國主義對華北的侵略；全國各界民眾的抗日要求更是激昂），廣泛動員社會資源，組織民眾和運用民眾，完成保甲和保安團，驅民「協剿」。同時，蔣介石也多次訓話或下令，嚴禁部隊擾民。

二是確定戰略上以攻為守、戰術上以守為攻的戰略戰術原則，厲行堡壘政策和兵工築路政策。從六月起，南昌行營即下令各部隊開始構築碉寨、「務期星羅棋佈」[60]。行營要求，以班碉為基礎，三個班碉組成一個排碉群，每一碉群的間隔不超過兩華里，碉群之間組成互為應援的火力網；修築公路隨部隊和碉堡推進，使路碉相連、連綿不斷。「進剿」部隊憑藉碉堡、公路攻守結合，三里五里一推，十里八里一進，進一步守一步，守一步進一步，層層築碉，處處修路，步步為營，節節推進，與紅軍進行

---

59 關於第五次「圍剿」方略及其效用，參見何友良著《蔣介石第五次「圍剿」方略述要》，《江西師大學報》1989 年第 4 期；黃道炫：《第五次反「圍剿」失敗原因探析》，《近代史研究》2003 年第 5 期。

60 南昌行營：《剿匪部隊協助民眾構築碉寨圖說》，1933 年 6 月，存江西省檔案館。

· 國民黨軍修築碉堡（《中國共產黨江西歷史圖志》）

陣地戰和持久消耗戰。這一招，是蔣介石第五次「圍剿」的核心策略，極大地增加了沒有重武器的內線紅軍的作戰困難。

第三，嚴厲實行物資、郵電和交通三大封鎖政策。南昌行營半年中先後頒佈《封鎖匪區辦法》等十三個封鎖令，在江西各革命根據地周圍建立全封鎖區，在全封鎖區後面再建立半封鎖區，要求滴水不漏，嚴密圍困，斷絕紅軍從日常必須的生活資料到基本的作戰資料的來源，使紅軍和革命根據地「無粒米勺水之接濟，無蚍蜉蚊蟻之通報」[61]，「不戰而自亡，未剿而先滅」。

長期以來，曾認為作為「圍剿」核心政策的碉堡政策，是德國顧問賽克特為蔣介石設計的。其實並非如此。賽克特對蔣的貢獻，主要是在軍隊建設方面。至於碉堡戰術，早在一九三〇年國

民黨軍將領戴岳在進攻贛東北革命根據地時即已採用，後又由南昌行營少將課長柳維垣做出系統設計；公路政策則首倡於趙觀濤，何應欽在指揮第四次「圍剿」時也曾大力提倡。在一九三三年六月間研討第五次「圍剿」方略時，蔣介石將碉堡、公路聯繫起來，將其從戰術層面上升到戰略地位，完成並全面闡述了堡壘進攻體系。因此，這一政策，應是由戴岳、柳維垣、趙觀濤、何應欽等人倡議，而由蔣介石總其成，德國軍事顧問並未有多少貢獻。[62]

十月二日，蔣介石在南昌召集軍事會議，作最後的動員和部署（此時已先期攻擊黎川紅軍）。這次「圍剿」的兵力配置為：以北路軍為「進剿主力」，總司令顧祝同，前敵總指揮蔣鼎文，統轄三路軍及浙贛閩邊警備區，共二十八個師兩個旅和一個稅警團。其中，顧祝同（兼）、劉興第一路軍守備新幹、吉水一帶，策應第三

・1934 年國民黨軍在臨川至南豐要道上修築的碉堡（《你沒見過的歷史照片》）

62　參見何友良著《賽克特並未為蔣介石製定碉堡戰術》，《近代史研究》
　　1990 年第 3 期。

路軍及維護贛江交通；蔣鼎文（兼）、湯恩伯第二路軍在金溪、崇仁一帶築碉，防阻紅軍北上並支援第三路軍；陳誠、薛岳為正副總指揮的第三路軍，轄十八個師又一個補充旅，擔任北路軍的主力軍，集結於南城、黎川地區，以廣昌為攻擊目標築碉前進。西路軍總司令何鍵，轄九個師又三個旅，以主力圍攻湘贛革命根據地和湘鄂贛革命根據地，並構築碉堡線防堵中央革命根據地紅軍西進。南路軍總司令陳濟棠，轄十四個師又兩個旅，扼守贛南尋烏、安遠、信豐、南康、上猶、崇義及福建武平地區，防堵紅軍南下，並相機北進，策應北路軍作戰。第十九路軍六個師一個旅在蔣光鼐、蔡廷鍇指揮下，佈防閩西，阻止紅軍東進。浙贛閩邊區警備司令趙觀濤率五個師圍攻贛東北革命根據地方誌敏部紅軍，並切斷贛東北與中央革命根據地的聯繫。南昌行營直屬總預備隊總指揮錢大鈞率三個師控制於臨川附近，直屬空軍五個航空隊協助北路軍作戰。蔣介石這一次直接用於作戰的總兵力為陸軍六十七個師、七個旅、一個團，共五十餘萬人（後增至 80 萬人）。

十月十七日，南昌行營頒發戰字第二一三○號訓令，下達部隊行動綱要和進攻計劃，命令各部隊「不必先找匪之主力，應以占領匪所必爭之要地為目的」，「次第開始圍剿」[63]。

63　《軍事委員會委員長行營第五次圍剿計劃》，1933 年 10 月 17 日。

二　歷時一年的戰爭

第五次「圍剿」戰爭實際上是在總體部署尚未完成之前，即於一九三三年九月二十五日由第三路軍周渾元縱隊三個師突襲黎川率先打響。十月二十六日，擔任主力軍的北路軍第三路軍下達劃分為三期的作戰計劃，其基本方針為「以消耗戰之目的，采斷絕赤區脈絡，限制匪之流竄，打破其游擊戰術，封鎖圍進之策略，先完成封鎖地帶之碉樓區，並即切斷其贛東與贛南之聯絡線，本戰術取守勢、戰略取攻勢之原則，步步為營，處處築碉，匪去我進，各縱隊非萬不得已，決避免決戰，以免被匪各個擊破之危，而達我預定計劃，俾收最後一舉聚殲之勝利」。[64]這說明，陳誠等完全領會了蔣介石的戰略意圖，充分吸取了此前的失敗教訓，實現了作戰方法的根本改變。

參加作戰的中央紅軍主力約八萬餘人，地方武裝配合作戰。戰爭開始時，中央紅軍正在兩個方向分離作戰，兵力既不集中，又長期沒有休整。特別是，根據地正處在王明「左」傾盲動主義統治之下，毛澤東已被調離軍中指揮位置，不熟悉中國情況的共產國際軍事顧問李德也在這時進入革命根據地，並掌握了軍事指揮權。因此，紅軍的反「圍剿」作戰，外臨強敵及其有了根本變化的戰爭政策，內逢「左」傾盲動指導和脫離實際的瞎指揮，被

---

64 贛粵閩鄂湘北路剿匪軍第三路軍總指揮部參謀處編《五次圍剿戰史》，中華民國開國五十年文獻編纂委員會 1968 年重印本，上冊，第 74 頁。該書編成於 1937 年 7 月。

迫實行「禦敵於國門之外」與敵決戰的「進攻路線」，而陷入冒險進攻敵軍堡壘的不利境地。因此，在從攻占黎川開始後的幾個月中，「進剿」軍已於吉安、吉水、永豐、樂安以迄黎川、金溪沿線以北大片地區，構築成碉堡戰線，並與紅軍「一戰於硝石、資溪橋，二戰於滸灣，三戰於藤田，四戰於大雄關，五戰於神崗、黨口，無役不勝」。紅軍雖取得洵口殲敵三個團和各次作戰殺傷敵軍的戰績，但傷亡三位師指揮員和千餘官兵，戰爭開局即處於被動。

十一月二十日，蔣光鼐等率第十九路軍發動福建事變，宣言反蔣抗日。蔣介石擔心其與紅軍聯合，立即從北路軍中抽調七個師由蔣鼎文率領從贛東進入閩北，「以迅烈之行動」南下攻打十九路軍，同時令陳誠以七個師從黎川向團村、德勝關推進，截斷中央紅軍入閩通道。而紅軍在「左」傾中央的錯誤決策下，被西調進攻永豐地區的國民黨軍堡壘，而不是打擊贛閩邊境敵軍以應援十九路軍，或東出福建尋求外圍運動戰，徹底斷送了有利戰機，使援助福建人民政府和打破第五次「圍剿」的希望均告落空。一九三四年一月，蔣介石完全鎮壓福建事變，並將入閩部隊編組為贛粵閩湘鄂「剿匪」軍東路軍，以蔣鼎文為總司令，從東面進攻中央革命根據地。同月，蔣介石還調派安徽省政府主席陳調元為贛粵閩湘鄂「剿匪」軍預備軍總司令，在南昌設立總司令部；將江西全省劃分為五大守備區，令各區加緊訓練團隊，建築碉堡、公路，防堵紅軍。這樣，對中央革命根據地形成了更加嚴密的四面圍攻。

在福建事變期間處於守勢的北路軍立即從三個方向轉入進

攻。以三個師由吉安向富田推進，以薛岳第六路軍（剛編組完成，轄劉紹先第六縱隊四個師、吳奇偉第七縱隊三個師）由永豐藤田向沙溪、龍岡推進，這兩路均以興國為目標。以陳誠第三路軍（時轄羅卓英第五縱隊四個師、樊崧甫第三縱隊兩個師、周渾元第八縱隊三個師）由黎川地區經樟村、橫村向建寧推進，一面威脅沙縣紅軍，一面與東路軍打通聯絡，完成北、東兩路相接的碉堡封鎖線。一月二十五日，第三、五縱隊分左右兩路進占黎川與建寧間的戰略據點樟村、橫村，次日進攻邱家隘、寨頭隘，在遭到紅五軍團抗擊後將兩地占領。這時，原被中央革命軍事委員會（以下簡稱軍委）調往永豐、樂安攻擊敵堡壘無功而返的紅一軍團和其他各軍團，被集中西上就敵，一、九軍團經一天激戰占領寨頭隘後，二月一日復對邱家隘、平寮發動猛攻，「是日戰事激烈前所罕見」，次日雨雪交加，紅軍繼續反覆衝擊，「傷亡特多」，國民黨守軍「亦傷亡甚巨」[65]。其後，中革軍委命令紅一、九軍團和三軍團四師集結在樟村以西的茶巷隘至坪山圩之線，構築長達數十里的防禦陣地，以碉堡對碉堡，與敵進行陣地戰，並實施李德制定的短促突擊戰術。

　　蔣介石、陳誠見紅軍轉為碉寨陣地防守，遂調步炮及飛機對紅軍陣地實施狂轟濫炸，並令部隊依託所構築的碉堡線逐次進攻。缺乏重武器的紅軍難以制敵，林彪、聶榮臻敘述作戰情況說：敵「又是用飛機轟炸及堡壘內炮兵火力向我陣地轟擊，尤其

65　《五次圍剿戰史》，上冊，第 173-174 頁。

・1934 年，進入江西樂安縣的國民黨軍召開宣傳大會（《你沒見過的歷史照片》）

敵人的飛機所起的作用更大，使我軍一舉一動受其妨礙。敵步兵在其空地火力掩護之下向我陣地躍進」，實行短促突擊又不易脫離敵人，致使人員傷亡和彈藥消耗都很大，僅平寮、三甲嶂和鳳翔峰作戰，紅一軍團傷亡即達一千一百人以上。為此，他們致電軍委，明確反對實行陣地堡壘戰和短促突擊，再次提出以運動戰消滅敵人的建議。[66]但這個建議沒有被採納。

三月初，陳誠部以進取廣昌態勢將三個縱隊西移，占領南豐

古城、桑田、楓林、三坑、三溪一線後，以南豐至廣昌間的戰略要地白舍為目標向南壓迫。原集結於杭山圩、增坊的紅軍主力，隨即西調至白舍地區阻敵。十一日開始，雙方在五都寨、東華山、三溪、楊梅寨等戰線作戰，陳誠部與紅一、三、九軍團「激戰至烈」，因實施飛

・1934 年，向蘇區進攻的國民黨軍第九十八師機槍手（《你沒見過的歷史照片》）

機、山炮、迫擊炮的連續轟炸和重兵的抗擊包抄，使紅軍損失很大，被迫後撤。陳誠部十五日占領白舍、甘坊地區，完成進攻廣昌的直接準備。配合陳誠部行動的西線薛岳第六路軍，這時也已克服紅軍中央警衛師和陳毅江西軍區部隊的阻擊，南進到沙溪一線，完成了與陳誠部的橫綴碉堡封鎖線，徹底阻斷了革命根據地北面的通路。東路軍蔣鼎文部以湯恩伯第十縱隊四個師進攻閩北，李延年第四縱隊四個師進攻閩西，與紅七軍團及調援的紅一、三軍團等發生激戰，湯縱隊三月間連占沙縣、將樂、歸化、泰寧，李縱隊占領龍岩，並向連城、長汀推進，紅軍東線呈現緊急局勢。南路軍陳濟棠部集中八個師北上，連續攻占安遠、信豐、尋烏，四月二十一日攻占中央革命根據地南大門筠門嶺，紅軍退守會昌。

四月一日，蔣介石在南昌召開軍事會議，作出北、東路軍行動計劃，決於兩個月內以占領廣昌、建寧為目的與紅軍進行重點作戰，向根據地核心地區推進。博古、李德此前曾到前線視察，認為「建寧和廣昌是戰略要地，必須堅決守住。因此應該在廣昌地區構築工事，以便阻止敵人的主攻部隊在對敵最容易而對我們最危險的道路上繼續向我革命根據地的心臟地區進攻」[67]。因此，成立野戰司令部指揮廣昌保衛戰，並下令紅軍在寬二十餘華里、長三十餘華里的廣昌北部構築三道陣地防禦線，在防線上遍築能經受砲彈轟炸的「永久性」碉堡，死守硬抗。在其後的作戰行動中，仍繼續無視彭德懷、林彪、聶榮臻等前方將領的正確意見。

　　十日，陳誠將所部十一個師分成河東、河西兩縱隊，夾盱江並肩南下，進攻羅家堡和甘竹，廣昌戰役正式展開。廣昌戰役歷時十八天，是第五次「圍剿」戰爭中歷時最久、最為酷烈的作戰。彭德懷記述紅三軍團在廣昌附近的巴掌形、西華山、新人坪地區抗擊戰情形：「從上午八、九時開始至下午四時許，所謂永久工事被轟平了。激戰一天，我們突擊幾次均未成功，傷亡近千人。在李德所謂永久工事擔任守備的營，全部壯烈犧牲，一個也未出來。」[68]紅軍各部在盱江東西兩岸節節抗敵，無法抵擋立體

67　奧托・布勞恩（李德）：《中國紀事》，現代史料編刊社 1980 年版，第63 頁。

68　《彭德懷自述》，人民出版社版 1981 年版，第 190 頁。

交叉的熾烈火力，全戰役傷亡五千五百餘人（一說四千餘人），被迫步步後退。但陳誠部也有很大傷亡，自稱死傷官兵二千六百餘人。四月二十八日，廣昌被陳部第六十七師占領。

緊接著，陳誠部周渾元縱隊東出福建，與東路軍湯恩伯縱隊發動建寧作戰。中革軍委調紅一、三、五、七軍團進行建寧保衛戰，在兩個方向同時進行抗擊。五月十六日，紅軍經數日激戰後棄守陣地，湯縱隊第八十八師占領建寧。六月上旬，軍委將紅一、三軍團調移興國龍岡地區，意圖反擊南下的薛岳所部，因薛部固守堡壘而未得手。到這時，第五次「圍剿」作戰已歷時九個月，國民黨軍已將中央革命根據地壓縮到石城、寧都、興國、瑞金、于都、會昌和長汀的基本區域內，對紅軍不利的戰爭態勢日益明顯。中共中央從五月開始祕密進行撤離準備，並在六、七月間，分別派出由贛東北紅軍組成的北上抗日先遣隊和湘贛革命根據地的紅六軍團，先期出發，牽制國民黨軍。

六月二十七日，蔣介石調整部署，集中三十一個師，分六路向石城、興國、長汀、會昌四個方向，對革命根據地基本區域發動全線進攻。其中，羅卓英縱隊四個師先由廣昌西進新安、頭陂，然後協同樊崧甫縱隊兩個師和湯恩伯縱隊三個師南下推進赤水、驛前、小松，會攻石城；西調周渾元縱隊六個師從泰和南下興國沙村，薛岳部四個師由永豐沙溪、龍岡推進古龍岡，分別從東西方向壓迫興國；東路軍李延年縱隊六個師由朋口、連城推進長汀，南路軍三個師由筠門嶺推進會昌。同時在南豐、廣昌集結三個師為預備隊，並在廣昌修建飛機場。第五次「圍剿」戰爭進入最後階段。

中共中央、中革軍委由此也在戰略部署上作出重大變更，這主要是改變以往集中紅軍主力於一兩個方向抗擊敵軍的方針，決定實行「六路分兵，全線抵禦」。七月二十三日，軍委發佈關於敵情和紅軍行動的通報，通報了敵軍六路進攻的情況和命令紅軍分兵六路抵抗的部署。但實際情況是，紅軍這時已經沒有了在根據地內部打破「圍剿」的可能，而陣地防禦顯然在武器裝備上處於劣勢，因此，這個部署，進一步加劇了紅軍的被動局面。

從七月至十月上旬，國民黨軍依次以石城以北、長汀以南和興國以北三個方向為主，全面進攻紅軍。在石城以北方向，湯恩伯、樊崧甫以六個師進攻彭德懷部四個師紅軍堅守的大寨腦、高虎腦、萬年亭、驛前一線陣地，八月上、中旬先在高虎腦、萬年亭發生激戰，由於彭德懷果斷放棄短促突擊戰術，「利用特殊地形，採取反斜面山腳邊，完全出敵不意」[69]的靈活戰法，紅軍兩戰均取得重大勝利，殲敵四千餘人，湯縱隊第八十九師基本喪失了戰鬥力，紅軍也因碰上「硬釘子」[70]，傷亡達二千三百多人，最終放棄陣地，退守驛前等地。月底，湯、樊吸取教訓，集中四個師在猛烈炮火下進攻並占領驛前，紅三軍團退守小松、石城，雙方形成一個月的對峙。在長汀以南，李延年部四個師進攻朱德親自指揮的紅一軍團，九月初在溫坊地區遭到紅軍以運動戰形式

69　《彭德懷自述》第 192 頁。
70　《陳伯鈞日記（1933-1937）》，上海人民出版社 1987 年版，第 271 頁。

發動的急襲和夜襲，被殲四千餘人，俘虜二千四百餘人，這是紅軍在第五次反「圍剿」中打得最好、殲敵最多的一次勝利作戰，蔣介石為此槍斃了一個旅長，並將師長李玉堂由中將降為上校，派顧祝同前去幫蔣鼎文重定部署，改調從南京衛戍部隊分編的精銳的宋希濂第三十六師擔任主攻。在興國以北方向，周渾元部六個師在沙村、老營盤地區進攻紅八軍團、紅三軍團第六師和陳毅部三個團，紅軍節節抗擊，打得相當艱苦，僅紅六師傷亡指戰員即達一千七百二十人[71]，陳毅也在老營盤戰鬥中負重傷。老營盤失守後，這些部隊與增援的紅五軍團、紅一軍團固守高興圩地區，繼續抗擊周縱隊，掩護中共中央和各路紅軍的集結和轉移。

九月二十六日，蔣介石令各路部隊從各個方向同時發起進攻。各路紅軍則在略事抗擊後，相繼在十月上旬從石城、興國、長汀、瑞金等地撤走，進行長征。十一月十日，革命根據地首府瑞金被東路軍第四縱隊第十師李默庵部占領。占領瑞金，被視為「圍剿」戰爭的「里程碑」，因此當李默庵發出電告後，國民黨內一片歡騰，各地各種慶賀電報紛紛揚揚。歷時一年的第五次「圍剿」戰爭，隨著瑞金、寧都等主要縣城的占領而告結束。十一月十九日，蔣介石在南昌行營擴大的總理紀念週上，正式宣告對江西紅軍的「圍剿」軍事告一段落，並指出此次戰爭「曾提三分軍事、七分政治之口號，但事實上或者還是用了七分軍事、三

71　《六師師長曹德卿、政委徐策致中革軍委電》，1934 年 8 月 27 日。

分政治的力量」[72]。這就是說，此次戰爭，最終起主要作用的還是絕對優勢的軍事力量。

「圍剿」戰爭結束後，蔣介石除派出薛岳、周渾元兩個縱隊跟蹤追擊主力紅軍外（原西路軍總司令何鍵改任追剿軍總司令），將大部分部隊留置江西進行「清剿」。一九三四年十一月二十四日，南昌行營發佈電令，宣告江西等五省「圍剿」軍事告一段落，原北、東、西、南四路軍和預備軍戰鬥序列均行取消，將江西、福建劃定為兩大綏靖區，分別以顧祝同、蔣鼎文為總指揮，進行了長達經年的「清剿」戰爭，而小部隊和地方武裝對紅軍游擊隊的作戰，則延續到抗日戰爭爆發才告停止。南昌行營，於一九三五年一月宣告結束。

三 新生活運動的興起

一九三四年二月，蔣介石平息福建事變之後，在南昌發起一場聲勢浩大的新生活運動，以配合正在激烈進行的第五次「圍剿」和國民黨對思想文化的統制。因為該運動要求從改造國民的日常生活入手，進行社會風氣的改換和國民道德的重建，所以被稱為「新生活運動」。

二月十九日，蔣介石在南昌發表《新生活運動之要義》的長

---

72 中國社會科學院近代史研究所中華民國史研究室編《中華民國史資料叢稿·大事記》，第 20 輯（1934 年），中華書局 1986 年版，第 243 頁。

篇演講，正式揭開運動的序幕。由此到六月底的新生活運動發起時期，蔣介石共發表《新生活運動之中心準則》等六篇長篇演講，主持制定《新生活運動綱要》等多個規程和文件，對運動的目的、內容、準則、意義等作出明確的闡釋和規定。按照蔣介石的解釋，所謂「新生活運動，就是提倡禮義廉恥的規律生活，以禮義廉恥之素行，習之於日常生活食衣住行四事之中」，以整齊、清潔、簡單、樸素、迅速、確實六項要求為標準，去除粗野卑陋、爭盜竊乞、亂邪昏懦之行為，實現國民生活的藝術化、生產化、軍事化，最終達到安內攘外之目的，奠定民族復興之基礎。[73]

按照蔣介石的計劃，新生活運動先從規矩、清潔運動做起，地點先從南昌做起，「俟辦有成效，積有經驗，再推及其他」[74]。因此，他對江西和南昌置以很高的期望，指出「我們現在在江西一方面要剿匪，一方面更要使江西成功一個復興民族的基礎。要達此目的，必須自江西尤其是從江西省會所在的南昌這個地方開始，使一般人民都能除舊布新，過一種合乎禮義廉恥的新生

---

73 詳見蔣介石：《新生活運動綱要》、《新生活運動之真義》，《江西民國日報》1934 年 5 月 15 日、4 月 1 日。蔣介石將禮義廉恥依次解釋為：禮是規規矩矩的態度，義是正正當當的行為，廉是清清白白的辨別，恥是切切實實的覺悟；恥是行為之動機，廉是行為之響導，義是行為之履踐，禮是行為之表現，四者互相聯貫，發於恥，明於廉，行於義而形之於禮，相需而成，缺一不可，為待人、處事、持躬、接物之中心，新生活運動之真實內容。

74 蔣介石關於新生活運動致汪精衛電（1934 年 3 月 14 日），載《江西民國日報》1934 年 4 月 5 日。

活」，首先使南昌改造成為一個新社會，進而風動全國，使全體國民有所取法，在最短的時間內，革除野蠻的、落伍的生活習慣，形成高尚的道德和文明的生活習慣，認識國家和民族的時代環境、國民的地位和責任，成為現代的國民、文明國家的國民，承擔「救亡建國、復興民族的工作」。為此，蔣介石反覆要求，江西「無論在那一方面，無論什麼事情，統統要做各省的模範，為全國所傚法，要以我們一省的新風氣、新事業，來風動全國各省，使全國的民眾都能聞風興起，跟著我們共同一致的建設我們新的國家，復興我們中華民族」[75]。《江西民國日報》由是多次發表社論，要求南昌各界領袖和一切知識分子「下定決心，努力去幹」。

新生活運動在南昌立即風風火火地開展起來。二月二十一日，作為領導機構的新生活運動促進會在南昌成立，蔣介石親任會長；下設幹事會，由熊式輝、鄧文儀分任主任幹事，賀衷寒、蕭純錦、蕭育贊、蔣志澄、張森鼎、李煥之、程時煃、劉百川、范爭波、邵華、黃光斗等任幹事。這些幹事，半數為國民黨江西省黨部、政府官員。二十二日起，促進會連續召開幹事會議制定多項規劃、章程，從宣傳、指導、糾察三個方面全面展開運動。在宣傳上，利用報紙、通訊、雜誌、標語、傳單、電影、廣告等，大事鼓吹，並於三月十一日，在南昌召開有蔣介石夫婦等要

75　蔣介石：《新生活運動之要義》（1934 年 2 月 19 日），載《江西民國日報》1934 年 2 月 23 日。

・新生店運動促進總會設在中山紀念堂

員及十萬人參加的「新生活運動市民大會」，蔣介石發表講話，
會前用飛機散發傳單，會後舉行大遊行，氣勢浩大；十八日，組
織南昌全市大掃除和市民新生活運動提燈大會，參加提燈的團隊
達千餘隊，觀眾約二十萬人；五月二十八日，舉行違抗新生活遊
街示警活動，將一些不清潔者戴上彩紙高帽，由警察押送鳴鑼遊
街；六月一日，舉辦南昌市新生活運動展覽會，蔣介石夫婦等親
自出席；還選定南昌十三個公共場所，邀請社會名人作公開講
演，「每日到會聽眾約五萬人左右」。指導上，連續召集各團體
代表開會，指示方法，同時組織學生組成指導隊，利用星期日作
挨戶勸導。糾察上，則由南昌行營、政訓處、江西省黨部、南昌
市黨部、憲兵團、民眾教育師資訓練所、中國文化學會南昌分
會、青年會等派員，組成十七個糾察隊，分佈南昌各地，考查、

督促和糾察民眾履行新生活運動要求。南昌行營還將江西省會公安局制定的《整理旅棧公寓衛生事項》、《妓女檢驗規則》等章程，轉發各省市政府，令其嚴厲執行，以杜絕不衛生不清潔的現象。[76]

幾個月下來，南昌市容整潔一新，行人行走有序，機關出現「緊張空氣及苦幹精神」，國民黨中央黨報《中央日報》遂將之論為「南昌精神」，「各地人士之往來南昌道上者，亦莫不謂南昌景象，朝氣蓬勃」[77]。特別是，起而南京，繼之滬、蘇、冀、鄂、閩、皖、浙、湘、魯、晉、陝、甘、察、綏、滇、川、黔、平各省市，以及江西全省各縣，「先後響應，上下風從」[78]，均相繼發起新生活運動。

七月一日，南昌新生活運動促進會改組擴大為新生活運動促進總會，仍由蔣介石任總會長，聘請何應欽、陳果夫、陳立夫、張群等三十三位國民黨要員為指導員；以熊式輝、鄧文儀為正副主任幹事，閻寶航、李煥之等二十二人為幹事。總會內設秘書，以閻寶航為書記；分設調查、設計、推行三股，分由邵華、范爭波、黃光斗任股長，負責新生活運動工作的調查、設計和推廣。會址亦從中山路一間小租屋中，遷入豫章公園中山紀念堂。總會隨即頒發了各省市、各鐵路、海外僑胞及江西省各縣新生活運動

76　《通令各省政府為令飭將取締旅棧檢驗妓女掃除清潔殺滅臭蟲等事切
　　實督促施行》，南昌行營：《軍政旬刊》第 18 期，1934 年 4 月 10 日。

77　《南昌精神》，《江西民國日報》1934 年 5 月 6 日社論。

78　吳宗慈主編民國《江西通志稿》，第 33 冊第 17 頁。

促進會組織大綱,新生活運動至此正式大規模向全國推廣,由發軔和自由發展時期,進入統一組織、計劃發展的時期。由此而至抗戰爆發,新生活運動著力推行以實施軍事化、藝術化、生產化為中心的「三化方案」[79]。

　　一九三五年底,新生活運動總會遷至南京,南昌乃於一九三六年一月一日另成立江西省新生活運動促進會,由省政府、省黨部及省級機關、人民團體代表為幹事,熊式輝任主任幹事,程時煃、王次甫、黃光斗、俞百慶、龔學遂、蕭純錦、熊濱、王明選為幹事,潘玉梅、周蘭清為婦女生活改進會正、副總幹事,王次甫、黃光斗分兼第一、二股股長。因此,也有學者以此為界,將新生活運動分為江西和南京總會兩個時期。[80]江西省新生活運動促進會成立後,對全省推行「三化」工作,依然不遺餘力。省新生活運動促進會訂立工作計劃,調整各縣新生活運動會組織,在全省普遍設立各種社團、舉辦各種會議,如省黨部新生活運動設計委員會、省黨部新生活運動工作團、新生活運動工作研究會、民眾集會指導委員會、婦女新生活改進會、新生活運動協進會、新生活勞動服務團、青年勞動服務團、各機關公務員新生活勞動

79　「三化」的內容原則與目標為生活軍事化要喚起尚武愛國之精神、繩予迅速整齊之行動、實行簡單樸素之生活、養成遵守紀律之習慣;生活藝術化要持躬務求嚴謹謙和、待人務求誠摯寬厚、處事務求迅速精到,接物務求儉約清廉;生活生產化在資金方面崇尚節用與儲金、務求社會資源之增益,勞力方面注重惜時與操作,務求量之增加與質之充實,物質方面注意國貨之提倡,務求物品之撙節與愛護。

80　李新總編《中華民國史》第三編第二卷《從淞滬抗戰到盧溝橋事變》上冊,中華書局 2002 年版,第 411 頁。

服務團、禮俗改良討論會、體育改良討論會、新生活運動座談會等等，廣泛進行了整理娛樂場所和旅棧衛生、店員新生活講習班、提倡土布、市民健康比賽、鄉村建設展覽、取締奇裝異服和赤膊袒身、解放婢女、策動民族掃墓節、公務員穿制服、愛惜公物、國民軍事訓練等活動。[81]其中一些活動仍然走在全國前列，如成立南昌市婦女新生活改進會，在地方各省市中為第一家。但也有不少活動雖然轟轟烈烈，卻多重形式，真正深入人心者不多。抗戰爆發後，新生活運動以新的內容繼續進行，一直到國民黨敗退台灣才告結束。

新生活運動發起時，具有強烈的用封建倫理綱常來控制國民思想和言論行動，以及配合對中央革命根據地的軍事「圍剿」的意圖，但由於運動又發生在日本帝國主義加緊侵略中國以及中國推進現代化進程的背景下，因而也具有抵抗日本帝國主義侵略和灌輸現代文明知識、現代國民意識和民族精神的成分，因此，它也是一場全國性的現代公民教育運動。這場運動應當說還是有效果的，對發起地的江西影響尤大，雖然運動的聲勢和成效多在城市和黨政軍教商等中上階層，城市中又多在大街大巷，農村和城市偏隅的憲警糾察不及之地則效果甚微，但運動對當局統一思想、推行建設江西等政策和灌輸文明知識，無疑發生了相當的作用。

81　《十年來各省市新生活運動會工作概況》，國民黨中央黨史會編《革命文獻》第 68 輯，第 393-396 頁。

第四節 ▶ 江西的「協剿」政治

一　熊式輝主贛與革新政制

1.熊式輝出任省主席

　　一九三一年十二月十五日，國民政府下令改組江西省政府，任命熊式輝、吳健陶、陳劍翛、龔學遂、熊育錫、文群、熊遂、袁良、李德釗為江西省政府委員，以熊式輝任省主席兼民政廳長，吳、陳、龔分掌財政、教育、建設廳。十七日，國民黨中央黨部撤銷江西省黨政委員會，改組省黨部，任命熊式輝、王冠英等七人組成江西省黨務整理委員會，代行省黨部職權。

　　一九三二年一月，熊式輝正式就職。熊式輝（1893-1974 年）是江西安義籍國民黨高級官員、重要派系政學系的主要骨幹。他一九一一年在南京陸軍中學加入同盟會，參加辛亥革命。先後畢業於保定軍校和日本陸軍大學，在滇軍和國民革命軍中投身護法戰爭、北伐戰爭，任第十四軍黨代表兼師長。參加攻占上海、南京的作戰，受到蔣介石的器重，被任為淞滬警備司令，第五師（原十四軍改編）師長、蘇浙皖三省「剿匪」總指揮、南昌行營參謀長，進而轉任江西省政府主席。[82]

82　熊式輝在江西省主席任上達 10 年。1942 年調任中國駐美軍事代表團團長。1945 年當選為國民黨第六屆中央執行委員，出任軍事委員會委員長東北行營主任，主持日本投降後的東北接收事宜，參與指揮東北戰場對中共的作戰，失敗後被貶為戰略顧問委員會委員。授陸軍二級上將。1949 年大陸解放時去香港，1954 年由曼谷遷居台灣台中市。

熊式輝等上任時，社會上議論紛紛、說法甚多。他針對兩個最流行的議論，在一九三二年一月二十五日特別作出回答：一是針對關於新一任省政府九個委員學問人格都很好的說法，明確指出這是恭維之詞，學問人格是靠不住的東西，有所謂學問很好的人，做起事來卻比所謂沒有學問的更糟；有所謂人格很好的人，在可

·江西省政府大門（《贛政十年》）

好的環境中會好、可壞的環境中會壞，而去年好今年壞的也不少，所以不要太迷信這種東西。他認為，在今日的江西，不是什麼空空洞洞的學問人格，可以救得起來的，「我們要從實際工作上去研究，誰把江西土匪肅清了，誰就算是有學問；誰把江西的貪官污吏鏟盡了，誰就算是有人格」，除此以外便無學問無人格。二是不讚同這一次新省府多是江西人、體現了贛人治贛精神，以後一切政治很有希望的說法，指出治中國的都是中國人，何以中國還是這樣糟呢？可見光是幾個主席、委員是贛人也難以

在台遭受冷遇，後病逝台中。有日記、詩集、回憶錄等留世。

治好江西，一個主席、幾個委員，能力有限，要想江西政治有希望，要以江西三千萬人的全力加上去才行。「如果江西三千萬人民個個對於新江西的建設來努力，就是省政府九位委員，是個人類以外的猴子，江西也會得好；如果江西三千萬人民個個對於新江西的建設不來努力，那末省政府九位委員，就是九個道地的江西寶貝文天祥，也不過為江西做一個忠臣孝子而已，江西仍然不會得好的。」因此，「新江西的建設，要以三千萬人民一致的努力為基礎」，要全體江西人一致努力來治江西的事，「三千萬人民自治起來，這才是贛人治贛的真精神」[83]。這個講話，體現了熊式輝的務實精神和清醒頭腦，特別是關於贛人治贛的問題，從一九二〇年代初以來長期盛行，從無人對其進行科學性的分析和澄清，對於治政多少有些負面影響。熊的言

・江西省政府主席熊式輝（《贛政十年》）

83　《黨政機關總理紀念週熊主席在熊委員就職典禮席上演詞》，《江西民國日報》1932 年 1 月 26 日。《贛政十年》收入了該演講詞，題目定為《贛人治贛的真精神》，並將文中「人格」改為「道德」，「人類以外的猴子」改為「無論是那省人」，「一個忠臣孝子」改為「九個忠臣孝子」。另，文中所說三千萬人不實，他後來在其他説法中均改為二千萬人，後者接近實際人數。

論，應當說是比較得當的。這也為他爾後實行的大規模社會動員，埋下了伏筆。

熊式輝立即向社會宣揚其治贛方針。在其宣誓就職答詞中，他強調江西只有「將匪患完全肅清之後，政治上才有辦法」，因此他確定其施政方針為「一切以達成剿匪任務為基本原則」，以「動員全省民眾集中力量，協助剿匪」[84]為基本任務。在「協剿」的主題之下，他也發表了關於財政、建設、教育、民政等方面的設想，表示要設立財政委員會，以整治山窮水盡、混亂已達極點的江西財政；在民窮財盡的江西不易談建設，擬先行築路和整理礦產；注意實用之職業教育，培植技術人才；民政事業要靠縣長去做，故要審慎選用縣長。其總的施政精神，是要「事均實事求是，決不鋪張揚厲，亦決不濫發空頭支票欺騙吾贛人民。所以現在決定積極方面，多數人認為應做者，即積極去做，不應做者，即絕對不做；消極方面，首重澄清吏治，造成廉潔政府」，以「嚴明」治省。[85]熊式輝的這些方針，在當時頗得人心。

2. 行政體制的調整與縣政的改造

熊式輝從調整政府機構體制著手施政，首先變更地方行政制度，在省縣之間建立固定的權力機關組織行政區。一九三一年夏，南昌行營黨政委員會為便利第三次「圍剿」，將「圍剿」區內的江西四十三縣臨時劃分為九個區，每區轄數縣，設黨政委員

84　胡家鳳：《十年贛政之回顧與展望》，《贛政十年》（1）第 3 頁。
85　《熊式輝之治贛方針》，上海《民國日報》1933 年 1 月 13 日。

·熊式輝在廬山的別墅（今廬山中八路 359 號）成為國民黨政府多次開會的場所（許懷林攝）

分會處理全區一切黨政事務。第三次「圍剿」失敗後，熊式輝檢討原來的省縣兩級行政體制，認為省縣上下相隔，政令難通，督率不便，行政效率不高，決定依照分區辦法，將南昌行營原在部分地區實行的臨時性措施推行全省，在省縣之間實行行政區制度。經過四個月的籌劃，一九三二年六月二日，第四七一次省務會議根據交通、經濟情況及「圍剿」紅軍的需要，正式通過《江西省各行政區長官公署暫行規程》，將全省八十三縣劃分為十三個行政區，每區設一行政長官，「兼領駐在地縣長，綜理轄區內

行政及保安事宜」[86]。至此，江西全省高中層行政組織由省縣兩級制改變為省區縣三級制，省政府的行政效率及對全省的掌控能力都相應得到加強。這在全國也屬創舉。

一九三二年八月，行政院制定行政督察專員暫行條例，作為臨時制度讓有必要設置的省份照此辦理，令江西省「所有各區行政長官應改為行政督察專員，即以現任各該區長官繼續充任專員。從前頒行之江西省各行政區長官公署暫行規程，改稱為江西省各區行政督察專員暫行規程，其餘一切悉仍舊貫」[87]。據此，江西各區行政長官改稱行政督察專員。省政府先後任命彭程萬、危宿鐘、廖士翹、蔣筤、郭辣、周作孚、周桂薰、王有蘭、謝遠涵等為十三區專員，各區駐在地分別為南昌、萍鄉、武寧、九江、鄱陽、上饒、臨川、宜黃、吉安、永新、贛縣、寧都、龍南。一九三四年一月，南昌行營以江西做法與《剿匪區內各省行政督察專員公署組織條例》（1932 年 10 月頒行）並不相同，令江西省政府照條例改組擴展專員公署，各專員均兼任區保安司令及駐在地縣長。[88]一九三五年，省政府將全省行政區縮編為八個區，各專員任職、駐在地及轄縣情況為：

86　《江西省政府訓令》，法字第 273 號，1932 年 6 月 4 日，原件存江西省檔案館。全省行政區 1935 年由 13 區縮為 8 區，1939 年擴大為 11 區，不久又縮為 9 區。

87　《江西省政府訓令》，銓字第 1499 號，1932 年 9 月 11 日，原件存江西省檔案館。

88　《蔣介石關於改組江西各區專員公署經過致行政院函》（1934 年 8 月 16 日），南昌行營《軍政旬刊》第 30、31 期合刊。表中所列各專員公署所轄縣，徑用當時縣名。

區別	專員姓名	駐在地點	轄縣
一	林競	武寧（10縣）	武寧、修水、銅鼓、奉新、靖安、安義、永修、新建、南昌、進賢
二	危宿鐘	萍鄉（11縣）	萍鄉、宜春、萬載、分宜、上高、宜豐、新喻、高安、新治、清江、豐城
三	李正誼	吉安（11縣）	吉安、吉水、峽江、永豐、泰和、萬安、遂川、寧岡、永新、蓮花、安福
四	王有蘭	贛縣（11縣）	贛縣、南康、上猶、崇義、大庾、信半、虔南、龍南、定南、尋烏、安遠
五	鄂景福	浮梁（12縣）	浮梁、婺源、德興、樂平、鄱陽、都昌、彭澤、湖口、九江、星子、德安、瑞昌
六	郭舢	上饒（10縣）	上饒、廣豐、玉山、橫峰、鉛山、飛陽、貴溪、餘江、萬年、餘干
七	周作孚	南城（11縣）	南城、南豐、宜黃、樂安、崇仁、臨川、東鄉、金溪、資溪、光澤、黎川
八	邵鴻基	寧都（7縣）	寧都、廣昌、石城、瑞金、會昌、雩都、興國

緊接著，熊式輝對縣政進行了較大規模的改造。縣政在政權體系中處於十分關鍵的位置，是政權有效運行的一個樞紐。但當時存在兩個突出問題：一是縣政府事務繁重，而「組織異常簡單」，難以應對，一九三二年以前，江西一等縣縣政府內設置兩科，月支經費一千零七十六元，二、三等縣設置一科，月支經費八百九十元。二是縣長素質低下，將上級命令視為具文，對上報告多半是扯謊，重要事務做不下去，更有不少縣長或因貪贓枉法、無所不為，或因沒有見識膽量、「匪警」未到而率先開溜而遭到控告，至於漠視災民、縱匪殃民、包庇煙賭、敲詐勒索等等，更不少見。以致於連熊式輝也認為，共產黨在江西能夠大發展，源於江西吏治不修，縣政人員非庸惰即貪污。因此，他下決心整治吏治和公務人員，在建立行政區制度後，即著手大規模改造縣政。

　　由於縣政府機構受制度規定，熊式輝無法有更大改變，所以只是在一九三二年，以配合「圍剿」軍事需要充實縣政府為由，令全省各縣不分等次，一律設置兩個科，每縣每月增加經費二百五十元。一九三五年實行縣政府裁局設科後，每縣再增設一科，人員、經費亦有較大增加。

　　熊式輝的舉動主要是在更新縣政人員上。一方面，他組織懲辦貪污法庭和公務員懲戒會，親兼法官及聘高等法院院長梅光羲兼任懲戒會委員長，強化對公務員的約束，重點懲治縣政人員的庸惰貪污，提出治庸非教不可，治惰只有用罰，治貪唯有以殺。另一方面，注重對縣政人員的培訓。從一九三二年起到一九三四年底，熊式輝親自選定人員，組織縣政研究會。研究會實際上是

備選縣政人員訓練班，會員經受一定訓練（如學習國民黨的黨義和蔣介石、熊式輝的講話等）後，調充縣長、縣佐等職位。縣政研究會共辦六期，先後培訓人員三百四十四人。這批人員，在政治和現代知識上，較之朱培德、魯滌平時期的縣政幹部總體上略強，他們同時也成為熊式輝培植的一批政治力量，為其大規模更換縣長提供了條件。舉辦縣政研究會的三年，正是熊式輝更換縣長最多的時期。僅在他履任省主席的第一年即一九三二年，省政府即變動縣長一百零七人次，其中，免職、停職和撤職者二十五人，辭職者二十一人，調省閒置者五十七人，大批庸官劣吏被趕出縣政位置。萬安、樂安、清江等縣縣長因貪瀆還受到通緝、判刑等司法處置。一九三五年二月，「為樹立縣政基礎，廣植縣政人才」，「訓練全省地方行政人員，謀增進縣政效率」[89]，熊式輝進一步將縣政研究會擴充，改設「江西省縣政人員訓練所」。訓練所內，分設縣長班、縣佐班、警官班、區長班，輪調全省現任縣長、縣佐、警官、區長及具備相當資格、可備選各職者分期訓練，每期兩個月。訓練方法採用軍事化組織形式，一般政治學科訓練則以實用為主，主要由從省政府主席到各廳、院、會、處、局首長及行政督察專員講授其主管業務、存在問題及改進方法、將來計劃等，並注重學員討論、研究及提交書面報告。僅一九三五年所辦三期，縣長班培訓一百二十二人、縣佐班培訓二百一十六人、區長班培訓三百四十九人。這些訓練，既是熊式輝改造縣

89　民國《江西通志稿》第 25 冊，第 47 頁。

政的重要內容，更對改造江西縣政、推行省政府的政令發揮了基礎性的作用。

3. 省黨部組織的整理

　　江西省黨部組織曾經長期處於紛爭、混亂狀態。一九二九年十二月舉行第四次全省代表大會，並於一九三〇年三月組成正式省黨部後，江西開始重建各級黨部正式組織。但隨即因為中原大戰發生，紅軍和革命根據地大發展，遍及全省大部分地區，國民黨各縣黨務因之「或僅維持現狀，或竟完全陷於停頓」[90]。一九三〇年底，蔣介石入贛指揮對紅軍的第一次「圍剿」戰爭，同時負責統一指導地方黨務。一九三一年十二月，中央黨部撤銷江西省黨政委員會，成立江西省黨務整理委員會，以何應欽兼委員長，開始整頓全省黨務。省整委會認為，全省黨部組織「不健全，糾紛很多」；黨員質量不高，「有不少貪污土劣，甚至有許多惡化分子混雜黨內」；黨員意志消沉，社會工作和協助「圍剿」不力等。為此，省整委會下令各縣市黨部一律停止活動，祕密考察並重新在各縣市陸續成立正式黨部；進行黨員總登記、思想檢查和訓練，淘汰「思想行為腐化或惡化」的黨員，提高黨員的精神和勇氣；貫徹黨治原則，開展和推進禁煙、合作、保甲、社會教育等社會工作；集中全力協助「圍剿」，「把協剿工作作為黨的工作最大目標，喚起全體黨員和民眾，動員參加協剿工

90　《中國國民黨黨務發展史料》組織，上冊，台北近代中國出版社 1993 年版，第 295 頁。

作」[91]。

一九三三年五月，在南昌舉行中國國民黨江西省第五次代表大會。會議總結江西省整理委員會和省政府的工作，討論涉及「改進黨務、清剿赤匪、復興農村」三個方面的四十九項提案，選舉了省黨部組成人員。大會宣言將恢復民族精神、安內以攘外、恢復農村經濟和集中力量鞏固中樞，作為全省黨務工作的目標。[92]六月，經國民黨中央圈定，由王冠英、李中襄、劉家樹、蘇邨圃、俞百慶、黃強、譚之瀾任執行委員，段繼典、劉已達、胡運鴻、廖上璠、章斗航為候補執行委員，組成正式的省黨部。長期紛亂無序的江西國民黨組織，至此實現了整理和統一，開始進行比較正常的活動。

二 「三保」政策的推行

創設行政區和改造縣政、黨務，為熊式輝在全省推行「協剿」政治、實行「三保」政策，提供了條件。所謂「三保」，指保甲、保衛和碉堡，是熊式輝名之為「自衛」實為動員農村民眾「助剿」的三項主要措施。其實施情況為：

1. 組織保甲。按照國民政府一九二九年六月頒佈的縣組織法，縣以下地方行政機構，設置區、鄉（鎮）、閭、鄰的四級自

91　《本省第五次全省代表大會省整委會作黨務報告》，《江西民國日報》1933 年 5 月 8 日。

92　《本省五全代表大會昨午舉行閉幕》，《江西民國日報》1933 年 5 月 12 日。

治組織。到一九三一年六月底，江西全省因省政混亂，僅有六十七個縣劃定了四百零二個區，成立了三百七十九個區公所，編定鄉鎮閭鄰的卻只有二十一個縣，遠未完成設置地方自治組織的計劃，更談不上發揮基層組織的行政職能。一九三一年七月一日，南昌行營黨政委員會為嚴密民眾組織以便利第三次「圍剿」，決定將江西四十三縣劃為「剿匪」區域，在該區域內按照行營頒發的保甲條例和區辦公處組織條例，停辦地方自治，對區公所及鄉鎮閭鄰制度進行改組，實行保甲制度。「同時清查戶口，發給戶牌，並辦理戶口異動登記，以稽核人口，舉辦聯保連坐切結及保甲規約，以促人民勸善規過，發伏詰奸。又將保甲內壯丁，編為壯丁隊，以任勞役及自衛。」[93]同年十二月，江西省政府感覺保甲制度便利「協剿」，「江西情形特殊，非厲行保甲制度不足以清匪源而端治本」[94]，進一步訂頒《江西省政府修正保甲條例》等法規，次年三月，正式廢止鄉鎮閭鄰組織，在全省普遍推行保甲制度。江西成為民國時期全國第一個實行保甲制度的省份，其辦法很快被國民政府推廣到全國各省。

《江西省編組保甲實施辦法》規定，保甲在編制上，以戶為單位，十戶組成一甲，十甲組成一保，分別設立戶長、甲長和保長，戶長由各戶家長充任，甲長、保長由各甲、各保公推。在縣

---

93 江西省民政廳編《保甲之理論與實際》，1942 年 11 月印，第 11-12 頁。

94 《江西省政府修正保甲條例》，1931 年 12 月。

長或區長查明保甲長不能勝任或認為有更換之必要時，得令原推選人另行改推保甲長；如原推選人認為保甲長不能勝任或認為有更換之必要時，亦可聯名呈明保長或區長核准後另行改推。每保設保長辦公處，數保設一保長聯合辦公處，直接由區辦公處（1935 年改稱區署）管轄，形成區、保聯、保、甲的基層行政制度。保甲內的最高權力形式則是保甲會議（後改稱保民大會），它議決包括保甲規約在內的重大事務。保甲長均屬義務職務，僅保長辦公處書記酌給一定津貼。保甲經費則由保甲內住民分攤。在職能上，保長受區長的指揮和監督，對上輔助區長、對下監督甲長執行職務，分派和督率保內一切公共事務，維持保內治安秩序；甲長在保長指揮下主持「清查甲內戶口，編訂門牌，取具聯保連坐切結，檢查甲內奸宄，取締出境入境之人，輔助軍警及保長搜查逮捕匪犯」等；保甲長對縣區下達的築碉修路等事務，可隨時調集保甲內壯丁擔當。「辦法」還規定，保甲內實行互相監督和互相告發的聯保連坐切結，即所謂一人「通匪」，全戶同罪，並類推而株連全甲、全保。可見，保甲制度具有行政管理、人身管制、地方自治和自衛、勞役等多種職能。因此，熊式輝強調「政府要屬行保甲制度」，因為「清匪工作靠它，代理鄉鎮閭鄰的自治制度也靠它」[95]。一九三四年上半年，江西已在六十七縣及鳳崗、藤田兩特別區建立了保甲制度，共編定四百二十四

95　熊式輝：《在全省清匪會議閉幕式上的演詞》，《江西民國日報》1932年 5 月 20 日。

區，二千零二十二保聯辦公處[96]，二萬一千九百零五保，二十一萬九千八百八十二甲，二百三十五萬一千九百六十三戶，內有人口一千一百六十七萬三千一百八十五人，壯丁一百九十七萬六千零九十名[97]。紅軍長征後，省政府將全省劃分為清鄉、自衛、保甲三種區域，在原革命根據地地域推行保甲制度，「使其組織更趨嚴密，訓練更臻普遍，運用更加緊張」[98]。據省民政廳編制的一九三五年十二月《江西省各縣編組保甲實況統計表》的記載，到該年底，全省八十三縣二市（南昌、九江）已共編組了四百六十一個區，二千六百三十八個保聯辦公處，二萬六千五百四十八保，二十六萬九千零六十六甲。這時，保甲制度已在江西全面實施，成為國民黨政權的基層行政組織。

保甲制度是國民黨當局以「剿共」為目的，吸取古代政治管理經驗，改革基層行政體制的一項重要措施。這項措施，不僅有古代保甲之表，更重要的是具有現代社會控制之實。它在一定程度上，以居民自治的組織形式，將國家權力延伸到了城鄉底層，從而構建了國家的基層權力基礎，形成了對基層社會的嚴密控制，這對於執政黨及其政權的意志、法令和政策的推行，對於民

96 原一鄉或一鎮如有 2 保以上，需由數保組設保長聯合辦公處，一區之內以設 4 個保聯辦公處為限；每一辦公處設主任一人，由各保長推定、經區長轉呈縣政府委任；每處依事務繁簡設事務員一人，書記一到二人，保聯主任為無給職，事務員和書記酌給津貼；保聯辦事處經費由各保分擔。

97 上海申報館編《申報年鑑》，1935 年。

98 胡家風：《十年贛政之回顧與展望》，《贛政十年》（1），第 4 頁。

間力量的組織動員以及社會資源的汲取，都產生了不小的作用——儘管這種作用因各種原因越到後面越弱。另一方面，保甲制度的推行，也使民國江西第一次有了比較準確的現代戶籍登記和人口統計（1935 年前人口數都是估計，最好的估計也僅是有依據很小區域或某一點的抽樣調查）。

2. 編組保衛團。該政策要點為在各縣普遍組織民團、保安團，運用民間「自衛力量」來協助正規軍「圍剿」革命根據地、守衛碉堡和後方。熊式輝認為，「中央軍軍容未嘗不盛，器械未嘗不精，然不能消滅朱毛者，其最大原因，在於剿赤軍無助手也」，得不到有組織的民眾的幫助，所以，要「分區組織民團」，「極力組織民眾，扶植民眾自衛，藉以補助軍隊」[99]。一九三二年，省政府首先對省屬保安部隊進行整理，將原保安警察隊伍整編為四個團，成立江西保安旅，由省政府保安處指揮。一九三三年春，開始整理縣屬武裝，將民團等各種地方武裝統一整編為縣保衛團，由縣長兼任團長。同年五月，蔣介石令省政府組建江西保衛師，規定每縣組織一個保衛團，若干縣合成一個保衛師，直轄於由省主席兼任司令的省保安司令部（江西編成三個保衛師）。八月，南昌行營頒發《整理江西保衛團計劃綱要》，以及江西各縣團隊訓練方案暨考試規則，由省保安處組織實施，統一編制，核定中隊設置及人槍數額。到一九三四年六月，在全省各縣成立保衛團六十三個團，下轄二百六十八個中隊，十二個直屬

99　《熊式輝之治贛方針》，上海《民國日報》1933 年 1 月 13 日。

· 被組織起來參加「協剿」紅軍的地方武裝（《中國人民解放軍70年圖集》）

分隊；並在三個行政區成立區保衛團三個團又四個中隊，形成一支力量可觀的地方武裝部隊。紅軍長征後，保衛團改稱保安團，仍有三十二團之眾。一九三五年中央停撥經費，江西縮編成二十個保安團（1937年6月將十二個團改為縣保安警察總隊，其餘八個團並編為六個團），仍是一支很大的武裝力量。[100]

保衛團之外，省政府還編組了「鏟共義勇隊」、守望隊、童子軍等半脫產、半軍事的武裝組織。一九三三年九月，省政府為配合即將開始的第五次「圍剿」，制發《各縣保甲及義勇隊訓練辦法》，要求各縣組織義勇隊並進行政治、軍事訓練。到一九三四年，全省義勇隊、守望隊、童子軍等人員達二百二十萬人，擁

100 廖士翹：《十年來之江西保安》，《贛政十年》（6），第2頁。

有槍枝一點一萬多支，土槍土炮九點九萬多件，大刀長矛一百七十五萬多柄。他們的任務，主要是建築碉堡、偵探送信、守崗放哨、運輸嚮導等。

保衛團隊在「協剿」革命根據地中發揮了很大的作用。據省保安處的統計，從一九三三年七月至一九三五年四月，全省團隊參加較大的對紅軍作戰戰鬥達六百餘次，「至任嚮導、偵探、游擊、守護碉堡等，更為經常工作，成績頗著」[101]。但保安團隊也是一支紀律極差的隊伍，連兼省保安司令的熊式輝也說，在城鄉各地，「一般不肖官佐，憑藉武力，態度驕傲，舉動粗浮，往往與地方機關發生糾紛，對待人民，尤多蠻不講理，經委廢弛，軍譽掃地，而於本身職責，放棄疏虞，影響防剿，言之殊堪痛恨。揆厥原因，多由各該主管官，藐視法令，管教無方所致。如保安第六、九兩團，紀律不良，剿匪不力，該前任團長吳驥、吳宏文，咎無可辭，均已明令免職，以示懲儆。」[102]另外，由於保安團人員數額巨大，同時也占用了江西大量的財政經費。以一九三五年為例，全省保安警察經費高達五百三十九萬多元，不但位列江西各項支出之首位，而且在全國有統計的二十一個省市中名列第一。這種情況，此後仍延續了幾年。

3.構築碉堡。如前所述，碉堡政策是蔣介石及其將領總結歷年「圍剿」戰爭實踐，在一九三三年六月為第五次「圍剿」制定

---

101 廖士翹：《十年來之江西保安》義贛政十年》（6），第5-6頁。
102 《江西省政府訓令》，保人字第225號，1937年1月9日。

的一項軍事措施，內容為建築碉堡與修築公路並進，形成縱橫相連的路碉封鎖線，以逐步緊縮革命根據地和圍困紅軍。熊式輝推行該政策，主要是組織民眾協助軍隊修建堡壘碉寨和公路。在一九三三年六月的縣長會議上，他下令各縣長趕緊辦理「保甲保衛與碉堡的事」，「凡橋頭堡以及指定地帶所應建築的碉堡，都應認真去做，在八月一日以前完成」[103]。但築碉修路是隨軍事進展而進行的一項長期的、繁重的任務，這項事務在江西整整進行了一年半的時間。在此期間，省政府動員民眾，在環繞中央革命根據地和湘贛、湘鄂贛、閩浙贛革命根據地的江西地域內，修築碉堡一萬四千二百九十四座，公路四千四百七十九公里[104]，修通了粵贛、湘贛、浙贛、閩贛四大省道和至革命根據地的各支路。築碉修路中，民眾不僅需自備工具做無償勞動，而且被勒派材料，以至有不少廟宇、祠堂和民房因此被拆毀，民眾對此怨聲載道。

　　「三保」政策雖然盛行一時，但就在國民黨內，也不乏批評者。金溪縣縣長朱一民在一九三三年八月致蔣介石的意見書中即尖銳地指出：「保甲造成土劣集團，保衛團成為地痞淵藪，建築堡壘，徒勞民傷財，演成政府求治之心益切，而人民所受痛苦則日深。其原因均為政繁賦重，處處予貪污土劣剝削之機會。」

103　《縣長會議昨舉行閉幕典札》，〈江西民國日報〉1933 年 6 月 20 日。
104　詳見〈全省碉堡完成二千九百座〉，〈江西民國日報〉1934 年 1 月 24 日，南昌行管：《碉保業務報告書》，1934 年編印，過守正〈江西之公路〉，江西省銀行經研室編〈經建叢刊〉，1948 年第 5 期。

三　「剿匪年」的確定和「協剿會」的成立

江西的「協剿」活動在熊式輝的推動下不斷走向高潮。確定所謂「剿匪年」和成立「協剿會」，是與推行「三保」政策並行的另外兩大活動。

一九三二年，經省黨務整理委員會提議，省政府召開有省內外人士參加的全省「清匪」會議，並在有關各縣成立「清匪委員會」，「欲以政治力量達到清匪目的」，「以收黨政軍民切實合作之實效」[105]。一九三三年，省政府、省黨部為突出「協剿」這一中心任務，聯合決定該年為「江西剿匪年」，以「一為安定剿匪環境，二為充實剿匪力量，三為黨政軍民協力合作」作為全省工作的三大重點，動員各界「一致努力協剿」。但原來期以年內「剿滅」革命根據地的計劃落空，省政府、省黨部遂舉行黨政聯席會議，商議一九三四年的「協剿」計劃。熊式輝斷然拒絕李中襄、文群、熊在渭、程時煃、魯師曾、李德釗等委員取消「剿匪」年號的意見，決定一九三四年為「江西剿匪第二年」，以繼續協剿工作、改善協剿辦法和緊張協剿風氣作為三大目標，以「屬行剿匪教育、完成人民自衛、救濟農村經濟」為工作綱要。[106]「剿匪年」及其中心任務的確定，強化了全社會的「協剿」意識與緊張氣氛，成為熊式輝社會動員的特殊形式和總攬政

105　《江西省整委會關於召集清匪會議經過情形的報告》，1932 年 5 月 14 日，原件存台北國民黨黨史館。

106　《省黨政聯席會議認今年為江西剿匪第二年》，《江西民國日報》，1934 年 1 月 5 日。

局的中心環節。

　　為進一步「全體動員，集中力量」「協剿」，一九三三年二月，省黨政各界還在南昌成立了「江西省會各界民眾協助剿匪會」的實體組織。「協剿會」推舉黨政軍民各界代表二十六人為委員，由胡思義、歐陽武、范爭波、王明選、李右襄五人任常務委員，據其「組織大綱」規定主持日常會務；內設六組，各組設一主任，由委員兼任，並為籌款和南昌修建機場，專門組設了經濟委員會和建築飛機場委員會。「協剿會」對「舉凡關於協剿方面的調查、視察、宣傳、慰勞、救護、賑濟、修路、通訊、運輸、貨物的採辦販賣以及匪區經濟封鎖等一切事項，詳擬方略，或在後方，或赴前線，作全民動員，求軍民合作，不滅赤匪，誓不中止」[107]。因此，它是一個龐大的以民間名義相號召，實則由省黨部主導的嚴密的「助剿」組織。該會在一九三五年五月結束前的兩年多時間內，經常性地舉行會議和活動，為第五次「圍剿」戰爭做了大量宣傳動員和後方支援的事情。僅組織「鐵肩隊」為軍隊解決糧彈運輸一項，即被認為「成效卓著」[108]。該會

107　《江西省會各界民眾協助剿匪會工作報告》，1934 年，原件存第二歷史檔案館。

108　《擴充鐵肩隊八十隊合共萬人》，《江西民國日報》1933 年 8 月 4 日。鐵肩隊時由交通部次長俞飛鵬設計，主要為解決前線交通不便下的糧食、彈藥運輸問題。1933 年 2 月間曾組織 31 隊赴贛東擔任運輸，8 月擴大到 80 隊 1 萬多人，據《江西省會各界民眾協剿會鐵肩隊章程》規定，鐵肩隊由「協剿會」管轄、南昌行營調用；隊丁由各縣攤派，每縣須組織至少一隊，由縣長兼任隊長；數縣合為一大隊，全省為總隊，由「協剿會」聘請省政府主席熊式輝兼任總隊長；全部經常經費

招募成立的宣傳隊、築路隊、救護隊、販賣團、哨探隊等組織，也均具有規模。在省「協剿會」外，同時還成立了由章益修等領導的江西省會新聞界、程時煃等領導的江西省會教育界「協剿會」，以及各有關區縣「協剿會」。江西全省上下，形成縱橫交錯的嚴密的「協剿」體制。

為了最大限度動員地方力量「協剿」，蔣介石還賦予江西黨政人員超出制度規定的權限，如特許縣長兼任行營軍法官等。在一九三三年六月的江西縣長會議上，蔣介石即席賦予縣長因地制宜、因時制宜的特權，「即與法令詞句稍有衝突，但求事能辦通，如果有人告發，我來替你們負責，各縣長如果遇到緊急的時候，可以行營軍法官名義去做」[109]。南昌行營隨即頒佈《剿匪區域各縣縣長兼軍法官暫行條例》，予縣長以隨時糾正、拘捕、審理「赤匪盜匪」和違反軍令、政令者等司法權力。[110]從這時到抗戰前，江西幾乎各縣縣長均兼此職。蔣介石還令臨川等十七縣縣長，兼任行營諜報主任。這類措施，極大地便利了地方的「協剿」行為，但對轉型中的現代政治頗為不利，正如有的學者所言，江西縣長均兼有行政和司法的權力，「顯示傳統縣長角色直到抗戰前都還沒有褪盡，也說明中國司法現代化的腳步相當遲

由「協剿會」籌給和省政府補助。

109 《縣長會議閉幕蔣委員長訓詞補志》，《江西民國日報》1933 年 6 月 21 日。

110 《剿匪區域各縣縣長兼軍法官暫行條例》，《申報》1933 年 7 月 15 日。

緩」[111]。

上述情況說明，由於熊式輝的回贛主政，在地緣、人緣和親緣各方面，凝聚起較之其前任更大的反對革命的力量，對江西革命根據地形成了前所未有的「協剿」攻勢，從而對第五次「圍剿」發揮了重大的作用。因此，蔣介石對江西的「協剿」工作相當滿意。在為第五次「圍剿」召開的「慶祝大會」上，他指出「尤賴於後方同志任勞任怨，不辭艱巨，鞏固政治，維持秩序，策劃財政，籌濟軍實之毅力與苦心，用能使前方將士，餉糈不匱，械彈無缺，絕後顧之憂，勵前進之勇」[112]。此雖不僅指江西，但江西的作用不言而喻。

第五節 ▶ 三年建設

一　連年戰爭對經濟社會的影響

戰爭造成了對江西經濟社會的嚴重破壞。這種破壞，主要反映在幾個方面：

人口銳減。江西人口，據有關記載，一九二八年約為一千八

---

111 呂芳上：《對訓政時期江西縣長的一些觀察（1926-1940）》，《中華民國建國八十年學術討論集》第一集，台北 1991 年版，第 321 頁。

112 蔣介石：《慶祝剿匪勝利之意義》（1934 年 12 月 10 日），南昌行營《軍政旬刊》第 43、44 期合刊·特載。

百餘萬人，到一九三五年時，為一千五百六十九萬人[113]，十年間減少約二百萬至三百萬人。人口銳減主要出於四個方面：一是向周邊省區的遷徙，這部分人數不在少數，如僅一九三〇年游離到浙江衢州、常山、杭州等地的贛民，即達二萬多人。二是加入軍隊者在作戰中的死亡，此種情況，在國共兩軍中都有，也包括參加國共雙方的地方武裝而在作戰中死亡者。三是國民黨軍尤其是地主武裝對革命根據地人口的殺戮。保安團隊和地主武裝宣稱要「清洗匪區，換過人種，換過谷種，茅房要過火，石頭砍三刀」，並用炙燒吊打、割乳刺身、剖腹挖心、活埋碎屍等四十多種酷刑，報復和殘害革命根據地民眾。紅軍長征後，保安三團團長歐陽江在瑞金武陽一夜即殺害參加過革命的人士五百多人，瑞金縣長鄒光亞在雲龍橋一次槍殺了一百二十人，在菱角山、竹馬崗活埋三百多人。寧都、遂川的著名惡霸黃鎮中、蕭家璧，血洗數縣，殺人以萬計。贛東北革命根據地「形成幾十里地方無村莊，田園荒蕪，渺無人煙」的慘象[114]；瑞金縣被殺一點八萬人。

---

113 江西人口數在 1935 年實行保甲統計前，多為估算，並無準確數據，說法並不一致。如 1926 年 2 月 5 日《廣州民國日報》所載江西人口達 24466800 人，但此數為 1922 年郵政總局的調查估計，顯然失實。據《江西人口總數之估計》（載《江西經濟問題》1933 年版，第 3350 頁）的分析，1928 年全省人口以內政部調查的 62 縣數加上未調查的 19 縣數，約為 17578492 人，此數與當局對外國記者所說土地革命前江西人口約 1800 萬較為相符；1935 年人口數 15690403 人是據各縣市政府依據編入保甲的數字彙列（江西省政府統計室編印《江西省農業統計》序，1939 年 12 月）。

114 李步新：《皖浙贛邊區三年游擊戰爭概況》，《回憶閩浙皖贛革命根據

寧都全縣人口原有三十四萬人，到一九三五年三月僅存二十二點四四萬人，該縣全家被殺絕者達八千三百多戶，僅留有寡婦者達七千多戶。四是大災之後的疫病死亡。據紅十字會一九三五春在贛南工作的報告，因革命根據地人口「死傷過多，以致疫癘橫行，災民多染瘧痢或急性傷寒等症，呻吟道路，無人治療，坐以待斃」，僅寧都即日有數十名，甚至醫生亦因有染疫者而不敢前往救治。[115]

人民財產的直接破壞。戰爭不但毀壞了房屋、山林等固定財物，而且加劇了農村各種關係的緊張，不斷擴大成對社會秩序和生產力的破壞。據顧祝同一九三五年一月對國際記者團所言，江西在七年戰爭中，人口死亡近一百萬，「國民經濟之損失，達十五萬萬元以上」。紅軍長征後當局以《整理收復匪區土地處理辦法》為中心，恢復以地主土地所有製為核心的農村秩序，但如《申報》記者在蓮花地區所見，地主富紳聯袂歸來，多與農民「發生報復仇殺情事」，甚至對革命根據地所築水利堤壩也要摧毀。中央革命根據地的返鄉地主甚至在向農民追討舊債不遂時，「把婦女賣到廣東、湖南」去抵債。[116]另一方面，由於大量人口的縮減，也造成不少農村田園荒蕪，有田而無人耕種，地主招租

地》，江西人民出版社 1983 年版，第 467 頁。

115 國際紅十字會中華分會：《籌辦贛賑工作報告書》，1935 年春。原件存中國第二歷史檔案館。

116 陳毅：《憶艱苦的三年游擊戰爭》，《回憶中央蘇區》，江西人民出版社 1981 版，第 502 頁。

亦無人應佃的情況。一九三五年初紅十字會人員在廣昌所見，民眾「率皆老弱殘廢，飢寒交迫，氣息奄奄，面無人色。經行數里不見一壯丁，疫癘流行，一經傳染，無一倖免」。在國民黨當局的「剿匪」報告書中，也記載了「剿匪之地，百物蕩盡，一望荒涼，無不焚之居，無不伐之樹，無不殺之雞犬，無遺留之壯丁，閭閻不見炊煙，田野但聞鬼哭」[117]的慘況。

全省人民負擔的加重。為了籌措「協剿」經費，省、縣政府均不約而同地將手伸向民間百姓。朱培德、魯滌平治贛時期，不能免走北洋軍閥老路，已是今日一稅、明日一捐，見物即稅、無人不捐。熊式輝主政後，情況仍舊。一九三二年五月全省「清匪」會議決議開徵「特種物品產銷清匪善後捐」，用充保安經費，六月設立「清匪善後捐管理局」，以江西省財政委員會委員長兼江西慈善總會主席胡思義兼任局長，下設南昌、九江、吳城、景德鎮徵收局及湖口等各處稽徵所，負責辦理。捐率定為三等，即奢侈品值百抽十二點五至十七點五，半奢侈品值百抽七點五至十，日用品值百抽二點五至五。「開徵以後，每年實收在二百萬元以上。」此舉大大加重了工商業界的負擔，在省內外引起極大義憤，胡思義在社會上的強烈指責聲中被迫辭職。紅軍退走後該捐本應撤銷，「因財力凋敝，抵補無方，遂照舊徵收」，直

---

117 轉引自孔永松等著《中央革命根據地史要》，江西人民出版社 1985 年版，第 456 頁。

到一九三七年七月十六日才行撤廢。[118]但「善後捐」僅僅是稅捐中的一種。一九三三年，有人針對「圍剿」時期江西的苛捐雜派著文指出，當時有食鹽附加捐、人丁戶口捐及派征、殷富捐、米穀捐、消費通過捐、煙賭捐、屠宰附稅、契紙附稅、房鋪捐、其他附加及雜捐等，「其稅目之繁重，徵收方法之不當，稅率之奇苛，負擔之偏枯，混亂棼淆……至於擅征私斂，違背法令，又其餘事，謂之苛雜，寧為過詞」。「以至今日，各縣人民對地方所擔負之捐稅，不但省政府財政廳無案可稽，即縣政府財政局亦不能悉舉其目，至於區村地方、機關團體之隱瞞擅征，又比比皆是，其龐雜程度，可謂盡租稅之奇觀。」[119]一九三四年六月第二次全國財政會議通過各省市廢除苛雜辦法後，江西被迫裁撤各縣苛捐雜稅即達二十大類、二百九十八種，可見人民負擔之重。沉重的捐稅負擔，使人民甚至普通公務員的生活陷入困境。

戰爭也使江西經濟環境和產品外銷受到嚴重影響。一九三三年有人指出，江西重要農產如米、茶、棉花、薄荷、豆類等，工藝品如瓷器、夏布、紙張等，礦產如鎢、煤、鐵等，均占全省出

---

118 文群：《十年來江西之財政》，《贛政十年》（3），第 4 頁。
119 《江西剿匪期中各縣地方之苛捐雜派》，江西省政府統計室編《經濟旬刊》第 1 卷第 18 期。又如僅省「協剿會」的募捐，即有各機關公務員二成工薪協剿捐、自由樂捐、各行業協剿捐、各業派認協剿捐、遊藝募捐、筵資捐等等。也就是說，苛捐負擔不但派至普通百姓，連公務員也要捐出二成工薪，而公務員工薪捐在省「協剿會」的籌款中占大頭，1934 年 3 月在「協剿會」120 多萬籌款中，公務員捐竟占 95萬銀元。

產的重要位置，但「自民國十六年以後，出產漸就衰退，自耕農日益減少，佃農及僱農則日有增加。到了二十年，全省的出口貨，僅值一千七百萬兩，而同年的進口貨，竟值四千一百萬兩之巨，如夏布去年出產只合平時三成左右，茶葉損失約在一百萬元以上，瓷器與民國十六年比較，出產減少四百餘萬元，紙張的產額和銷路，更一落千丈……生產力既形激減，失業人數驟增」[120]。他們認為，這也是土地革命興盛的深層原因。

連年戰爭使江西社會經濟發展艱難，導致如熊式輝所說的「江西現在是千瘡百孔，凋敝已極，農工商各業，均瀕於破產之危」[121]的社會狀況。這種狀況，反過來也成為江西大興建設的背景。

二 建設方針及主要措施

一九三五年元旦，熊式輝向全省發表新年致詞，宣佈從這一年開始，全省官民要上下一心，咬緊牙根，拼著三年流汗，努力用雙手來做「復興事業」，「建設新江西」。省政府當即將一九三五年確定為「建設年」，即以建設事業作為施政的中心。不久，這一活動又匯入在全國展開的國民經濟建設運動之中，聲勢更為浩大，連省黨部也成立了國民經濟建設運動工作團等以為配合。

---

120 王枕心：《國內農村改進事業考察記‧序》，1933 年 3 月。
121 熊式輝：《在全省清匪會議閉幕式上的演詞》，《江西民國日報》1932 年 5 月 20 日。

歷史地說，從一九三二年底制定《江西建設三年計劃》和次年成立江西經濟委員會，省政府即已開始進行一些建設，但從其政務中心轉移上看，一九三五年起，全省才真正集中力量系統建設各項事業，由「協剿」政治走向了經濟社會建設。所以如此，自然是因為紅軍撤離江西后解除了政治的危機，同時也是當局鞏固權力秩序、穩定社會人心，以及在日貨衝擊、日本帝國主義加緊侵略的形勢下維護民族利益的需要。

開展建設遇到的最大困難是缺乏人才和經費。江西當時的人才現狀，當局曾經無可奈何地指出，省內「一般知識分子，奸滑的年少的便隨共產黨去胡鬧，老的便多數是腐化分子土豪劣紳，與他沒有利益的事，拖也拖不出他來做，他要來做的事，就是要把持一切，魚肉人民，無所不至……稍微有錢的人家多逃走了，……好點的人才通通走了，剩下的多數是沒有辦法的落伍分子」[122]。為解決人才缺乏問題，熊式輝富有熱情地採取了一系列的措施。一方面，加強對各類各級人員的培訓和教育，如一九三五年一月設立縣政人員訓練所，次年十月成立江西百業教育委員會，開展以增進各業知識技能為主的百業教育，以及大規模推行保學等，致力於提高人們的知識和技能素質。另一方面，大力引進高層次的人才以解燃眉之急。

122 王尹西：《對縣長考試及格人員講話》（1930 年 6 月 4 日），轉引自呂芳上：《對訓政時期江西縣長的一些觀察（1926-1940）》，《中華民國建國八十年學術討論集》第一集，台北 1991 年版，第 321 頁。

　　熊式輝在引進人才上的思路和舉措大膽獨到，頗有可圈可點之事，最著名的是因他的舉薦和爭取，引進了著名經濟學家蕭純錦、教育學家程時煃等一批高級專門人才。一九三三年春，熊式輝確定從經濟著手進行建設，在省政府內設立江西省經濟委員會，「聘請許多經濟專門人才」[123]，並特邀蕭純錦來贛任主任委員。蕭是永新人，早年留學美國多年，對於先進國家的政治、經濟，素有研究，曾先後任北京女師大教務長、東南大學經濟系主任、東北大學校務委員兼系主任，專門從事經濟學教學和研究。他因感於熊式輝「懇邀之激勵，輒捨棄故業，來省主持經濟委員會事」。不久補任省政府委員，在任至一九四八年。程時煃是新建人，擔任教育廳長到一九四六年。他們的返贛任職，對江西經濟、教育的建設作出了較大的貢獻。熊式輝也很注意引進外省籍人才。一九三四年，為謀求振興景德鎮瓷業，他接受宋子文的推薦，親自出面聘請當時在興辦實業上負有盛名、正在上海主編《新生週刊》的杜重遠，來江西主持瓷業的改革與生產。杜被任用為江西省陶業管理局局長，為改進景德鎮瓷器生產和籌劃江西全省瓷業發展，作出了貢獻。[124]一九三六年夏，為了改良婦女生活和推進婦女工作[125]，熊式輝到北平邀請燕京大學社會學系教授

123　《省委蕭純錦昨日宣誓就職》，《江西民國日報》1933 年 6 月 27 日。

124　胡小紅：《杜重遠與崇德鎮瓷業改革》，南昌大學 2005 年碩士學位論文，未刊稿。

125　雷潔瓊：《抗戰初期我在南昌活動的片斷回憶》，中共江西省委黨史研究室編《江西黨史資料》，第 35 輯，中央文獻出版社 1995 年版，第 185 頁。

雷潔瓊、家政學系主任陳意到江西開辦家政學校，在雷、陳因故不能來贛的情況下，他接受二人的推薦，聘請北京香山慈幼院院長熊芷來南昌，參與主持全省城鄉婦女工作。於次年二月擴大改組江西省婦女生活改進會，聘請熊芷為江西省政府婦女指導員，王敏儀為總幹事，管梅蓉、潘玉梅為副總幹事，專責領導全省婦女工作。熊式輝還相當重視文化人才的引進。他一九三三年聘請江西新建人、著名音樂家程懋筠返贛，擔任「江西省推行音樂教育委員會」主任委員。程早年留學日本東京音樂學校（上野音樂學院），一九二六年畢業回國。在中央大學、杭州社會大學等校教授聲樂與作曲。一九二八年國民黨中央黨部向全國徵選國民黨黨歌的曲譜時，程的創作在眾多應徵者中被選中，其名聲遂隨黨歌（後又定為中華民國國歌）而傳揚。程主持江西音教會後，當即在江西創辦了國內影響最大的音樂期刊《音樂教育》，組建了全國第一支由省政府出資、中國人自己演奏的管絃樂隊，並在南昌湖濱公園內開辦了首家「湖濱音樂堂」，因其聯絡的作者和聘請的音樂人士，都是當時國內音樂界的頂尖人物，江西的音樂事業猛然間躍上一個最高峰，並在全國占有突出的地位。當然，熊式輝大力引進的人士，也不盡是龍鳳。如被他視為難得人才而引為省政府秘書、省黨部委員的劉百川，原是汪精衛、陳公博改組派的紅人，來贛後受命主持文化工作，其主要作為是主辦了《汗血月刊》，這個月刊成為當時臭名昭著的反共刊物，而所謂全省文化工作，則被其弄得不倫不類。

由於經費支絀，熊式輝確定的建設方針是「先把不要錢的事做好，再把少要錢的事做好，如果不要錢和少要錢的事都做好

了，財源自會源源而來，各地的資本也都會願意投到江西來」[126]。雖然如此，省政府為籌措建設經費還是頗為用心。例如利用修建浙贛鐵路的機會，發行建設公債（如 1935 年底發行省公債 110 萬元），引進上海幾位金融家來贛投資南昌市水、電建設和江西光大瓷業公司等。熊式輝等也利用個人的努力和與南京的關係，向中央政府爭取款項，如為籌措江西農民銀行基金，熊式輝親自去南京向財政部爭取到每月返留五萬元鹽款。江西爭取中央政府撥付給地方的補助款數額，也一直較大，如一九三五年度有七百七十萬元，為各省之首。但要指出的是，省政府在經費使用上，對建設投入甚低，即使在作為建設年的一九三五年，全省投入的建設費也僅一百六十萬元，與教育文化費相加共三百五十萬元，占預算總額的百分之十二。[127]

江西的經濟建設，也得到了中央政府的主動資助。蔣介石對江西期望頗高，一直認為「江西不比其他的地方」，要求江西能夠進步迅速，各方面都要走在全國的前頭，「做全國各省的模範」[128]，真正建成「模範省」，成為國家復興的基地。為了幫助江西開展經濟建設，國民政府曾邀請三位國際聯盟專家到江西考察，國聯專家提出了復興江西的建議。全國經濟委員會開始在江

126 能式輝 1935 年 1 月 7 日在建設廳擴大紀念週訓詞，轉引自《贛政十年》（1），第 9 頁。
127 楊蔭溥：《民國財政史》，中國財政經濟出版社 1985 年版，第 87 頁。
128 蔣介石：《剿匪勝利中吾人應繼續努力》（1934 年 11 月 19 日），《中華民國史事紀要》，1934 年 11 月 19 日。

西舉辦建設活動，如在棉麥借款項下撥給江西一百九十萬元用作建設經費，規定該項經費以五十萬元作江西合作貸放基金，二十萬元開辦江西農業院，三十萬元資助江西全省衛生處，六萬元作南昌等五個鄉村師範補助費，三十萬元作救濟費，十九萬元為管理費，三十五萬元設立十所江西農村服務區。一九三四年六月二十五日，全國經濟委員會在南昌設立江西辦事處，幫助規劃各項建設事業的開展。[129]另外，蔣介石等還多次出面要求中、中、交、農四大銀行向江西發放貸款，解決江西的資金困難。

農業是江西經濟的主要支撐，當時認為，江西為中國的一部分，所以雖然無法避免農村崩潰的波及，但「又惟其江西農村崩潰最早，受害最深，所以救濟江西農村，較任何省份尤為『當務之急』」[130]。因此，組織國內農村改進事業考察團到河北、山東等地考察，開展農村調查，成立以省政府主席兼任理事長的江西農業改進社，設置農民銀行，創設農業院、設立農村服務區和開展農村合作等，成為江西經濟建設和「改進」、「復興農村」的重要措施。

設立農業院首由蔣介石提議，要求江西面對全省農村經濟凋敝、生產不振的現狀，「設立大規模農業機關，以負改進農業、復興農村之任務」[131]。一九三三年七月，省務會議通過《改進江

---

129 國民黨中央黨部、國民經濟計劃委員會編：《十年來之中國經濟建設》，台北學海出版社 1971 年版，上篇第五章第 30 頁。
130 王枕心：《國內農村改進事業考察記・序》，1933 年 3 月。
131 江西農業院輯《十年來之江西農業建設》，民國《江西通志稿》第 19

西農業計劃大綱》，決定籌設江西農業院，直屬省政府，負責主持全省農業（含畜牧業、林業）研究、試驗、推廣及教育，以謀全省農業技術之改進與農村生活之改善；原有各農事試驗場、林場、農藝專科學校及各農科職業學校，一律歸由農業院統管。一九三四年三月，農業院正式成立，一九三六年五月在蓮塘建成占地千畝的新院。省政府聘請留美農學博士、北京大學農學院院長董時進教授擔任院長，全院職員近三百人，僅院部五十九名職員中，即有留學美、英、德、日等歸國人員二十一人，[132]是一個專業力量雄厚的科技和教育群體。農業院的成立是一個重要的創舉，為全國省級第一個專門農業機關，其後在培育和推廣良種、改進畜牧業和林業方面，作出了很大的貢獻。

民國時期的農村合作運動，初始於河北，蘇浙魯繼之，一九三○年江西接著頒佈合作社暫行規程，也屬開展較早的省份。[133]一九三二年三月，省政府成立江西省農村合作委員會，主管全省農村合做事宜；組成九人委員會，以文群為委員長，李安陸（後熊在渭）為總幹事。先後訂頒組織規程、合作社暫行條例和農村信用、消費、運銷、利用四種合作社章程等，在全省推行農村合作運動。這些條例，先後被南昌行營等採納，向「剿匪區內各

冊第 10 頁。

132　張宏卿：《民國江西農業院研究》，江西師大歷史系 2004 年碩士論文（未刊稿），第 22 頁。

133　吳秀生：《關於抗戰前農業金融及信用合作概況的報告》（1939 年 1 月 14 日），《中華民國史檔案資料彙編》第五輯第一編，財政經濟（七），江蘇古籍出版社 1997 年版，第 361 頁。

省」推廣。實業部也在南昌設立合做事業江西省辦事處，以魏競初為主任，幫助促進工作。此後，合作社在全省有一個較大發展，一九三五年底，全省建立各種合作社二千零六十三個，有社員十二萬零五百人[134]；到一九三七年底，發展到合作社五千七百九十三個，社員四十四萬五千零六十六人（每人代表一戶），另有數目與此相當的預備社。[135]合作組織在解決農村金融困難、推銷農產品、擴大農村消費和發展農業生產方面，起了良好的作用。抗戰時期，江西合做事業更有發展。

設立農村服務區以改進農業，是接受國聯專家司丹巴的建議，在全國經濟委員會資助下進行的。一九三四至一九三五年先後在臨川、南城、豐城、新幹、高安、永修、南昌、吉安、上饒、寧都設立十個農村服務區，由全國經委會設管理處主持其事，各服務區設農業、教育、衛生、合作、村政、工藝等指導員十餘人，分別由省農業院、教育廳、衛生處、合作委員會及所在縣政府選派，在管理處派出的幹事領導下，常川駐區，推進工作。服務原則為協助地方政府推行管教養衛各項下層建設，以農民為本位，以農村青年為中堅，訓練農村人才，培植農民的自助能力和互助精神，改善農民的生活，也就是期望「把全省的農

---

134 《中華民國史檔案資料彙編》第五輯第一編，財政經濟（七），第331 頁。此時全國有統計的 19 省市共有各種合作社 25842 個、社員992578 人。

135 江西省圖書館編：《江西近現代地方文獻資料彙編》初編第二冊，《江西建設事業概要》，第 48 頁。

業、教育、衛生、合作等事業，由此引進農村，協同致力於農村
的復興與建設」[136]。服務區開辦前後，江西農村改進社等團體和
一些縣政府，也相繼建立了二十多個農村實驗區[137]，其性質、功
能與服務區相類似。一九三六年三月，省務會議決定成立江西省
政府農村改進事業委員會，作為全省農村事業的領導機構，對農
村服務區與實驗區實行統一調整和管理，由服務區的職員兼任實
驗區的區長，督促地方政府推行農村事業，確定農村實驗事業三
年計劃，計劃到一九三九年六月三年實驗期滿後，推廣到全省農
村。這個計劃，因抗戰爆發而中輟。

　　上述推進農業改進的措施，前所未有，熱鬧非凡。有論者指
出，從中「可以明顯的看出江西農業走向近代化的步調，甚至於
可以說這一段時間是江西近代農業發展最重要的階段」，「確實

---

136 全國經濟委員會江西農村服務區管理處編印《江西農村服務區概
　　況》，第二號，1936 年 6 月。

137 其中包括省政府主席熊式輝在其家鄉安義萬家埠設立的實驗區。據胡
　　靜波《熊式輝與安義老家》（南昌市政協文史資料研究委員會編《南
　　昌文史資料》，第 6 輯，第 127-128 頁）記載，該區由熊式輝親兼理
　　事長，試行農村政社教合一的新體制。實驗區設在安義第二區鴨嘴
　　壠村，占地 200 多畝。由熊在日本留學時的同學王枕心任實驗區總幹
　　事，處理一應區務。區內設農事合作、學校教育、民眾教育、鄉治，
　　保健、推廣、總務等 8 組，每組設主任一人，幹事若干人。組織了農
　　村合作社，有 26 個分社、2968 個社員，集股金 3942 元。在教育方
　　面，以保立小學為中心，設立了一所農村實用學校，開辦民眾夜校識
　　字班，參加學習者有 1700 多人。在保健方面設立了一個保健所，有
　　病床 8 張，同時向農民宣傳衛生與醫藥防疫等常識，推行接種牛痘和
　　新法接生等。

為江西的近代農業奠下了基礎」**138**。

三　建設事業的推進及主要成績

1.農業經濟。隨著各項措施的實施以及糧棉等良種的試驗、推廣，農具的改良，病蟲害的防治和家畜的防疫，植樹造林運動的展開，茶作和園藝的改進，一九三五至一九三六年間，江西農業繼一九一六至一九一八年後，出現民國時期第二個興盛高峰，許多指標達到民國時期的最高發展水平。一九三五年，江西水稻收穫面積占全國總收穫面積的百分之十四點五一，收穫稻穀一萬零六百五十二點七萬市石，占全國總收穫量的百分之十一點五五，面積和收穫量分別居全國第二、三位。**139**一九三六年進一步增長，據實業部中央農業實驗所《農情報告》記載，江西全省主要農作物栽培總面積五千三百一十八萬畝，其中糧食作物四千三百五十四萬畝，產量一萬三千零六十八萬擔；經濟作物中，棉花產量二十四點九萬擔，油料七百四十六點五萬擔，農畜之水、黃牛二百九十四點三萬頭，豬五百零六點七萬頭，家禽二千五百三十點二萬羽。這些數據全部躍上高峰，迄民國終再未能出現。**140**

---

138 呂芳上：《抗戰前江西的農業改良與農村改進事業（1933-1937）》，載台北「中研院」近代史所編印《近代中國農村經濟史論文集》，1989 年版，第 524 頁。

139 羅盛槐主編《江西省農牧漁業志》，黃山書社 1999 年版，第 209 頁。當時稻穀 1 石折算為 108 市斤，1 擔為 100 斤。

140 1937 年數據與此相差較大，故這些數據是否真實，尚可存疑。據江西省政府統計室編《江西省農業統計》（1939.12）載，1937 年全省棉花

另據《江西省農牧漁業志》載，一九三六年茶葉總產量為七千七百一十噸，比上年增長二千五百三十三噸。次年茶葉產量繼續躍升，猛增到一萬二千七百六十噸。全省漁業生產在一九三六年也達到民國以來的最高水平。

農業的恢復和發展，使江西有更多的餘糧向外輸出。江西米主要輸往上海、武漢、廣東等地，尤以上海為多。一九二七至一九三六年江西米經九江關輸出數量，因江西經常實行米禁而數量不一，一九三四年最少，僅五萬八千七百八十七市石，一九三六年最多，為二百四十四萬九千五百三十九市石。[141]按照當局當時的測算，經過九江關輸出的米穀，僅占全省實際輸出的三分之一[142]，因此實際輸出的數量，約為經九江關輸出者的三倍，如此，「則最近三年江西平均輸出米穀當為二百九十三萬九千三百八十二石；民國二十五年全省輸出數量當為七百三十四萬八千六

產量 83337 擔，牛 1528630 頭，豬 3522800 頭，雞 12116180 羽。

141　《抗戰時期江西糧食統制問題》，江西《經濟旬刊》第九卷第八、九期合刊（1937.9），第 26-27 頁。另據韓啟桐《中國埠際貿易統計》，1936 年全國 27 個海關共運出大米 723.7 萬公擔，其中九江關運出 183.7 萬公擔（85%運往上海），是輸出大米最多的一個關（見主相欽、吳太昌著《中國邁代商業史論》，中國財政經濟出版社 1999 年版，第 538 頁）。

142　其直接的根據之一，是據原在九江海關供職的美國人萊提氏（Stanley Wright）所著《江西之商業與稅捐》一書，他在書中估計 1914 年至 1918 年江西貨物經東南西北四境輸出的價值，已超過經九江關輸運輸出價值的三分之二弱。實際調查也認為經其他各處輸出的數址比經九江關者為大。

百十七石」[143]。這個數量出於估計，實際輸出不一定如此準確，但仍可說明，江西糧食生產能力較大，尤其是一九三六年，全省農業生產達到了相當高的程度。

2. 工礦企業。全省工業總量不大，瓷器被認為是江西「最著名之工業品」，一九二八年時產銷額有六百六十餘萬元，到一九三四年降為三百餘萬元，呈衰落之勢。省政府為謀復興陶瓷產業，於一九三五年一月在景德鎮特設陶業管理局，聘請著名人士杜重遠為局長，對產制運銷各方面實行統一管理，成效明顯，次年產銷額即達八百一十三萬餘元。又接受杜重遠的建議，在九江創辦「江西光大瓷業公司」，由省政府出資二十萬元，招商股八十萬元，合作開辦。但該公司成立不久即逢抗戰爆發，撤向後方，故成績不顯。全省新成立了一些工廠，近代工業有所進步，到一九三六年，向建設廳登記的工廠有一百一十家，其中以南昌市最多，占四十五家，贛縣十七家列第二，工業類別則以飲食業最多，紡織業次之，製造業則僅有一家。[144]江西礦產原本豐富，有金、銀、煤、鐵、鉛、錫、鎢、錳、鉍、鉬、銻、瓷土、水晶等等，尤以鎢與煤為最著。煤礦以萍鄉、鄱樂兩礦規模最大，其中鄱樂煤礦為商辦，萍鄉煤礦局原於一九二九年二月由省政府派

143 《抗戰時期江西糧食統制問題》，江西《經濟旬刊》第九卷第八、九期合刊（1937.9），第 28 頁。另據 1937 年 4 月 4 日《江西民國日報》記載，江西省「運米赴粵，亦在百餘萬擔之多」，省市商會、糧業公會等為此反對政府對從廣東進口的洋米實行免稅的政策，以免影響贛糧的銷路而利「救農保商」。

144 中國銀行：《江西經濟調查》，1946 年印行，存江西省檔案館。

人接收整理，成立萍鄉煤礦管理局，實行官辦。萍礦後因經營不善，頹敗不堪。一九三五年，省政府復派員前往整理，實行封閉私井，推廣銷路，整頓礦風，產銷漸見起色。比較而言，對鎢礦的整理力度更大。一九三五年，省政府配合國民政府資源委員會對鎢業采銷實行統制政策，設立鎢礦管理局，劃區管理，集中產量，統一運銷，並制訂鎢礦運營辦法，委託江西裕民銀行辦理運銷事宜，規定所有產地之砂均由該行墊款收買，運滬銷售，以免洋商之操縱。到一九三七年，資源委員會銷往德國的鎢砂達一萬七千零五十七公噸。[145]當時正逢國際市場波動，砂價暴漲，是故省政府當時頗得其利。此外，當局從一九三五年起，還組織測探隊，相繼對贛南、浙贛鐵路沿線的地質礦產儲藏情況，進行了探測。江西鎢、錫、煤等重要產業，因具有國防戰略意義，一九三六年起相繼由軍事委員會資源委員會接收辦理。總的說來，這個時期工礦建設的成績有限，但為抗戰時期工礦業的興起準備了較好的條件。

3. 浙贛鐵路的通車及公路的修築。「圍剿」戰爭時期進展最快的是公路的修築。一九三一年後，江西「以交通剿匪為口號，築路乃有疾速之進展」。到一九三五年，贛浙、贛皖、贛鄂、贛湘、贛粵、贛閩等六大幹線已經次第建成，大部分縣道和一部分鄉道也相繼修築，形成路網，公路總里程達到五千八百多公里

---

145 陳真等：《中國近代工業史資料》，三聯書店 1961 年版，第 3 輯第 841 頁。

（其中幹線 1998 公里，支線 662 公里，縣道 3030 公里）。[146]交通方面的最為顯著成績是浙贛鐵路的修建和通車。一九三三年，國民政府行政院決定由中央與地方合建浙贛鐵路，成立鐵路公司和鐵路局，次年七月動工興建玉山至南昌段（杭州到玉山此前已由浙江省建成）鐵路，全長二百九十二公里，於一九三六年元旦建成通車。其後，接續修建南昌至萍鄉段二百六十二公里，也於一九三六年二月開工，一九三八年三月建成通車，與株萍路進而與粵漢鐵路相接。此路建成，根本改善了江西的交通狀況。在浙贛鐵路修通時，還計劃修建（南）京贛鐵路（即今皖贛鐵路），一九三六年底開始籌建浮梁到貴溪段工程，並在浮梁樂平間鋪設了路軌，後因抗戰爆發而停工。

4.財政金融。江西財政到一九三〇至一九三一年再次陷入極度混亂狀態，此前兩年（1928-1929），全省財政收支已不全以預算為依據，預算只是一個形式。到這時，「即此形式上的預算也沒有了。因為無預算，收支失其統御，為應付事實起見，只得濫發支付命令，交由各機關逕自派員紛赴各縣守提，初不問有無可撥之款；於是賦稅收入之款，報解與否，一憑徵收機關之意向，其巧立名目，扣用稅款，更為極普通之事」。因此，這三四年間，全省「收支不敷，虧短極巨。起初尚可借債彌縫，到後來直

---

146 《十年來之中國經濟建設》，台北學向出版社 1971 年版，下篇第六章，第 2 頁。另據張天祐主編《江西公路史》（人民交通出版社 1989 年版第 1 冊，第 121 頁）記載，全省 1937 年公路總里程為 6618.3 公里。

借無可借；於是濫發米護照、流通券、短期庫券及支付通知書，並隨意指飭各縣撥付各機關軍政經費，使各縣成為各機關坐索經費的場所。財政上之紊亂，可謂到了極點！」[147]一九三二年，省政府開始清理和逐年攤還民國以來債款，據文群說，到一九三五年三月，「所有舊債，均已償清，對外信用，遂卓然樹立」[148]。整理和建立縣財政制度，編制縣級地方預算，訂頒《各縣地方預算編審章程》，針對地方敷衍塞責或虛列收支的情況，加強省政府對縣政府的監督和審核，使地方財政制度逐步走上軌道。與此同時，省政府建立起以統一徵收機關、推廣金庫組織、樹立會計制度、厲行審核工作的「四權分立」為核心的全省財政制度。全省財政狀況略有好轉，但財政赤字依然很高，如一九三五年度全省赤字達預算數的百分之四十[149]。全省收支狀況，以一九三七年為例，收支總額為八百六十七萬六千二百一十八元，收入中以田賦附加最多，占百分之五十八點四，依次為雜項、學產、屠宰稅附加、房鋪捐、地價稅、公產、契稅附加等。支出中最多為保安警察費，占百分之二十九點四四，依次為教育、自治、建設、預備、衛生、雜支、救恤、財務費等。保警費數年間高居首位，成為江西財政支出的主要項目，影響了其他建設事業的投入。

江西此前金融也極為混亂。全省原本以銅元為主要流通輔

---

147 文群：《十年來之江西財政》，《十年贛政》（3），第 2 頁、第 1 頁。

148 文群：《十年來之江西財政》，《十年贛政》（3），第 4 頁。

149 楊蔭溥：《民國財政史》，中國財政經濟出版社 1985 年版，第 88 頁。

幣，為方便使用亦發行銅元券，但各縣鄉鎮地方政府機關、公團或商號亦發行代幣券之花票或銅元券，據一九三三年對吉安等二十八個縣的調查，發行花票者有商店、錢莊、當鋪、錢業公會、米業公會、商會、縣政府、財政局、財政委員會、縣公賣局，區辦公處、信用社等十七種機構，數額既巨，流通範圍又或一縣一區鎮，「濫行蕪雜，擾亂金融，妨害工商業，流弊之大，莫此為甚」。一九三四年底，省政府開始嚴厲取締，禁止地方擅自發行並限期收回已發花票，同時將裕民銀行改組為全省金融中心，增加政府股本一百萬元以擴充其實力，並在全省各縣成立分支行或辦事處，籌建全省金融網。至此，各縣花票「幾已絕跡，全省幣制乃告統一」[150]。江西幣制的統一，對工商業的發展和國民政府法幣的推行，產生了積極的作用。

5. 商貿業。全省商業因戰爭關係起伏不定，如南昌「在民國二十二三年間，因行營剿匪關係，曾呈一時特有的繁榮，但自行營遷後，立復蕭條，商店倒風，不可遏止，計自民國二十四年一月至舊曆年間，停歇店鋪三百五十六戶，今年二三兩月歇業者亦達一百二十二家，五六兩個月計一百零二家，至於新開店戶，其數甚少，此種問題，頗堪怵目驚心」[151]。當時分析出現這種衰頹

150 《十年來之中國經濟建設》，台北學海出版社 1971 年版，下篇第六草，第 5 頁。

151 蕭純錦：《慶祝商人節感言》，載《南昌市慶祝商人節紀念特刊》，1935 年。轉引自張芳霖：《20 世紀 30 年代的南昌商人與新生活運動》，《歷史檔案》2005 年第 2 期，第 104 頁。

・壓西全省衛生處

景象，原因既在於農村破產、人民購買力低落，更由於「吾贛商人缺乏新的商業知識，無推銷貨物之技術，無整齊劃一之商品，無牢固美觀之包裝，無廣告宣傳之方法，貨真價實猶未能完全做到，且有一部分商人，只圖目前之微利，忘卻將來之發展，有時不免使顧主卻步」，因此要求政府予商業以便利和扶助，商界給政府以擁護與支持，改進本省工業，開拓海內外市場，發展交通，復興特產，提倡國貨。一九三六年七月，省政府設立工商管理處，以蕭純錦兼任處長，作為全省工商管理機關，籌劃發展江西工商業。該處成立後，在組織商品的調查、生產改良、展覽和貿易運銷，以及整理工商團體、舉辦工商登記、改進度量衡等方面，著有成效。全省出口貿易由一九三一年的一千七百九十七萬

五千五百七十二元¹⁵²，一九三六年恢復到三千一百五十八萬四千元¹⁵³。一九三六年省政府聯合安徽省政府，合組皖贛紅茶運銷委員會，辦理紅茶的改良與向歐美等國的出口銷售。僅最初的兩年間，即銷出江西紅茶十七萬九千七百八十五箱、一千一百六十八萬六千零二十五市斤，價值一千零八十二萬四千零八十二元，對茶葉外銷的衰落頗有補救。全省商店數量有所增加，到抗戰爆發時，南昌市有商店二千零九十家，其次為贛縣，有一千六百五十八家，九江、宜春、吉安等也有六百至八百家，清江樟樹鎮則以四百一十二家為各鎮之首。¹⁵⁴

6. 衛生事業。江西從一九二八年度起，開始籌建縣衛生機構，但到一九三三年，僅有二十一個縣設立了縣立醫院、二十四個縣設有診療所，也沒有全省性的衛生主管機構，省會衛生工作向由公安局辦理，醫學學校由教育廳管理，故「衛生事業，難有積極之進展」。特別是戰爭過後，「疫癘叢生，衛生機構之創設益覺刻不容緩」，省政府遂於一九三四年六月設立江西全省衛生處，專負衛生行政管理及促進衛生事業之責。「專設省衛生行政機構，以本省為全國的首創。」衛生處運用全國經濟委員會資助款，設立行政總務、防疫檢驗、醫務保健三科及技術室，創辦附

---

152 張芳霖：《20 世紀 30 年代的南昌商人與新生活運動》，《歷史檔案》2005 年第 2 期，第 104 頁。

153 江西省政府經濟委員會編《江西經濟問題》，1933 年印行，第 283 頁；《建設事業概要》，第 39 頁。

154 中國銀行：《江西經濟調查》，1946 年出版（原件為油印本），第 51 頁，存江西省檔案館。

屬機構省立醫院、衛生試驗所、護士學校、南昌市衛生事務所以及各縣縣立醫院及各縣臨時診療所，接管助產學校及附屬醫院，並與教育廳合組健康教育委員會，與南昌、九江市合組南昌市戒煙醫院、南昌麻風醫院和九江市衛生事務所。該處所設縣診療所對開展農村醫療衛生作用甚大，據德國記者一九三五年一月在廣昌所見，該縣診療所有四位同濟大學醫科畢業生，每天約有患者三百人前來就診，藥品及種痘之痘苗由南京中央醫院供給，所治疾病多為瘧疾、赤痢、腳氣、脾臟腫大、血蛭病等。[155]省衛生處一九三五年六月開始在更大範圍內接種牛痘，次年六月正式建成設備較為完備的省立醫院，該院成為「江西全省保健之總樞也」[156]。繼而實施《江西省各縣衛生行政組織規程》，建立縣衛生院（由原縣立醫院、診療所改組擴充）、區衛生所、保聯衛生員的衛生行政體制，到一九三七年一月，全省八十三個縣均已普遍設縣衛生院，「其普設之早，亦冠全國」[157]。這是江西建立現代衛生事業的重要時期。

　　7. 市政建設。北伐軍占領南昌後，南昌方有市政府之設。當時南昌市不但是江西省唯一的省轄市，而且在一九三〇年被定為全國隸屬於省政府的十個普通市之一，頗有地位。但一九三二年

---

155 [德] M.S. 愛伯夏著，祝元清譯《贛省收復縣區視察記》，江西民國日報社 1935 年版，第 32 頁。

156 《十年來之中國經濟建設》，台北學海出版社 1971 年版，上篇第五章，第 30 頁。

157 方頤積：《十年來之江西衛生》，《贛政十年》（10），第 2 頁。

二月以經費支絀，將南昌市政府裁撤。一九三三年，省政府要求分設南昌、九江兩市，行政院審核認為，兩地「雖其人口賦稅，尚未符合法定設市條例，唯因地位重要，或因工商業發達」，批准暫設市政委員會[158]。同年八月和次年六月，南昌、九江市政委員會相繼成立。省政府任命龔學遂（在李德釗之後繼任）、李中襄分任南昌、九江市長。其後，南昌從上海工務局聘請六位工程專家來贛設計規劃，開始進行較有規模的現代市政建設，修建了在當時比較寬敞的街道，並以十大鄉賢命名。電燈、自來水、電話、郵政等公共建設有新的進展，又邀請鐵道部技正吳啟佑主持、上海馥記公司承包，一九三四年十二月在贛江上修建「中正橋」（新中國成立後改稱南昌八一大橋），一九三六年十一月建成通車。此橋北接南潯鐵路終點站牛行車站，南銜南昌市陽明路，解決了牛行車站與南昌市區之間的贛江阻隔問題，贛江南北由此暢通，經南潯鐵路進出南昌的旅客，從此不再受擺渡贛江上下火車的困擾和不便。一九三六年底，全市人口增至三十萬人，達到條例規定，遂即正式恢復南昌市政府名稱。九江市政委員會和廬山管理局也進行了現代市政建設。

8. 國防建設。據何應欽在國民黨五屆三中全會上所作軍事報告，國民政府這時在江西進行了一些國防建設，其項目主要有投資建設高坑煤礦、天河煤礦，實行鎢業統制（在南昌成立鎢業管

---

158 《中國國民黨第五次全國代表大會內政部工作報告》，國民黨中央黨史委員會編《革命文獻》第 71 輯，1977 年版，第 221 頁。

・南昌市中正橋全景（《贛政十年》）

理處），建設吉安鎢鐵廠，設立江西潯饒、南撫、贛南師管區，開辦徵兵事務，一九三六年四月在南昌開辦航空機械學校，培養機械人員近五百名，中國與意大利合辦的南昌中央飛機製造廠於一九三六年十月開工，中意合辦的萍鄉中國航空器材有限公司也在建設中。

由南京國民政府邀請的國際記者考察團的成員，對江西剛剛出現的建設現象給予了很高的評價，認為「中國實際上已走向一新時代而努力復興工作。舉凡余等所見，如道路、橋樑、汽車交通、堤工、住宅及學校建築、土地整理、衛生行政、民族之醒覺、學校教育、新生活運動、農村合作社、造林運動等，均表現一種守秩序、重紀律、富於犧牲之新精神……光明燦爛之前途

也！」[159]此話不免言過其實，但從中還是可以看出，江西的建設氣象，在當時給人以相當積極的、健康的和向上的印象，得到了人們的肯定。江西省也因此被國民政府譽為「模範省」，幾年間各地人士來贛參觀者，竟然絡繹不絕。江西幾年間能夠在建設上有所成績，既因為出現了比較穩定、平和的社會環境，也是當局的用心策劃尤其是熊式輝的努力的結果。這些建設成績，推進了江西的近代化腳步，成為江西抗戰的重要基礎。

四　「特種教育」、學校教育與文化建設

1.「特種教育」的推行

所謂「特種教育」，是針對原革命根據地和游擊區地區進行的一項社會教育。一九三三年十一月，省教育廳根據國民黨中央《特種區域暫行社會教育實施辦法》，制定出《江西省收復區特種教育計劃大綱》，經南昌行營核准施行。特種教育的提法隨即被行營採納，一九三四年夏，行營成立五省特種教育委員會，九月頒佈《贛閩鄂皖豫五省推行特種教育計劃》，正式對五省原革命根據地地區民眾推行「教養兼施之特種教育，與以感化的、公民的、職業的、自衛的訓練，以正確其思想，健全其人格，發展其生計，扶植其生存」。

蔣介石在致江西省政府電中，談到了推動特種教育的原因。

---

159 [德] M.S. 愛伯夏著，祝元清譯《贛省收復縣區視察記》，江西民國日報社 1935 年版，第 53 頁。

針對革命根據地一縣開辦列寧小學多至數百所的情況，他認為，其以「財政之枯竭，尚能積極辦學，若經國軍收復，反不能努力教民，或僅於縣治設校一所，徒具觀瞻，致遍地兒童失學，不唯視匪有愧，且將無以振迪愚蒙，消泯惡化」[160]。因此，受革命根據地大辦教育的刺激以免「有愧」，肅清民眾的所謂「匪化」、「惡化」思想使之「確信三民主義」，是當局大力推行特種教育的主要原因。

江西從一九三四年二月開始推行該項教育，首先設立了江西省立民眾教育師資訓練所，訓練師資。六月開始在各地開辦「中山民眾學校」。九月設立江西省特種教育處，為主管機構，由省教育廳長兼任處長。當年在六十個縣先後設立中山民校二百四十五所、招收學生三萬二千九百零七人。中山民校「為實施特種教育之主要機關」，它以學校方式，辦理民眾教育以及有關社會文化、政治、經濟、軍事之各項活動，校內以辦理成人班婦女班為原則，招收十六至五十歲的民眾，每日上課兩小時，四個月結業；結業後可升入高級班，六個月肄業。也有的民校還設有兒童班和職業實習班。民校校長均兼任區署服務員或壯丁隊隊長，負責協助區署推行行政和自衛訓練。經費除撥款外，還請當地鄉鎮保甲長及士紳任委員，協助籌款。教學內容，到一九三五年擴大到管、教、養、衛四個方面，省特教處先後編印了特種教育兒

---

160 蔣介石 1933 年 9 月致江西省政府電，引自江西省教育廳特種教育股編《江西省特種教育概覽》，1936 年 10 月出版，第 1 頁。

童、成人、婦女三種課本,供民校使用。全省中山民校數量,每年在二百所左右,學生平均也在二萬人左右,規模並不大,一九三七年起尤逐年下降。[161]

江西特種教育費力雖巨,成效不顯。連主持者也承認,中山民校組織簡單,成績多不甚佳;行政方面尚欠嚴密,缺少聯絡,因此自開辦以來,雖盡最大之努力,「唯事屬創舉,既無成例可援,而範圍廣大,又不能集中力量於一點,故在進行之中,事實上不無感覺困難,自有待於今後之改進」[162]。作為一項制度,它勉強延續到一九四一年四月,終遭裁併。

2. 保學制度的建立與學校教育的發展

一九三三年八月,江西舉行了全省教育行政會議,會議要求南昌行營令各地駐軍迅速從借駐的教育機關中遷出,呼籲注重改良各級學校師資和教材,實行國民強迫義務教育。此後,學校教育開始受到關注。在此前後九年全省小學教育的大體情況是:

· 1929-1937 年全省小學教育基本情況表

年度	學校數	學生數	經費數(法幣:元)
1929	4426	177849	1033160
1930	6755	257889	1841514
1931	5150(55 縣)	207029	1650400

161 程時煃:《十年來之江西特種教育》,《贛政十年》(17)第 11-13 頁。
162 江西省教育廳特種教育股編《江西省特種教育概覽》,1936 年版,第 82-84 頁。

1932	5449（63 縣）	223675	1824956
1933	5900（67 縣）	224645	2022704
1934	8699	390750	2640282
1935	15528	775139	4293933
1936	17374	775139	4360046
1937	18120	820869	5320224

資料來源：《江西年鑒》，1936 年版；《民國江西通志稿》第 23 冊，第 13 頁。

　　上述數據，僅來自國民黨統治區，並不包括革命根據地的教育情況，而革命根據地在這一時期的教育規模，更加可觀。在國統區小學教育數據中，一是總體上是一個不斷發展的趨勢，特別是從一九三五年起有一個較大的跨越，不但在學校、學生數量上比上一年接近成倍增長，在教育經費上，也有比較大的增加；二是私立教育占了相當大的比重，以一九三四年為例，這一年，有私立學校二千八百九十七所，學生十萬九千零三十人，教職員五千八百二十八人（公立學校教職員為 10265 人），經費七十一萬零二百七十三元，也就是說，私立學校的學校數、學生、教職員和經費數約占全部總數的三分之一到四分之一。上表也同時說明，無論是公立還是私立學校，規模都不大，每校平均不到五十個學生，這種情況可能與農村學校居多有關。

　　長期的戰爭環境、從南昌到各地許多學校被部隊占用以及江西無力籌措教育經費等，影響著江西教育的發展。一九三五年起全省教育之有較大的發展，主要原因則是：第一，蔣介石對江西教育多次作出訓示，如一九三三年六月，責成駐軍最高長官督辦

教育，要求江西省教育廳「務期普及」教育，「使當地壯丁與少年，無一不受教育者」。當然，蔣介石重視江西教育的目的，是為了「圍剿」革命根據地和紅軍，即所謂「在使受教育者以後能協助剿匪而不為匪用」，因此，他親自指定使用五類教材：禮義廉恥與孝悌忠信，衣食住行之基本生活，整齊清潔與衛生常識，民族革命主義，保甲保衛偵探之組織生活。[163]這些教學，實際上也就是半年後他發動的新生活運動的主要內容。第二，興辦教育被作為「建設新江西」的重要內容，省教育廳為此創立保學制度，採用政教合一方式，利用保甲組織與力量，按保設學，以全保兒童和民眾為對象，「實施國民義務教育和失學成人補習教育」[164]。全省從一九三四年十一月開始實施《江西省設立保學暫行辦法》，次年五月制定《江西推行義務教育計劃》，規定保立小學從一九三五年下半年起在全省推行，要求五年內實現每保設立一校。在當時條件下，保學制度有利於解決經費籌集、學區劃分、師資分配和強制入學等推行義務教育中的難題，因此從制度上加速了全省小學的興辦和學生的入學。第三，省政府運用行政力量推動興辦教育。如一九三六年省政府部署進行全省學齡兒童調查，認為這是事關義務教育的一項要政。熊式輝在得知贛縣有三個區長在縣政府五次催令下仍未辦理後，指斥這是「殊為玩

---

163 《蔣委員長注重剿匪區內地方教育》，《江西民國日報》1933 年 6 月 21 日。

164 陳鶴琴：《江西保學的回顧及展望》，《贛政十年》（33），第 1 頁。

忽，應由該縣嚴予議處」。結果有兩個區長在限期內仍未填報，而被記大過，通報全省。[165]第四，江西興辦教育活動也得到了社會和海外華僑的關注。一九三七年春，愛國華僑胡文虎捐建一百所小學校舍，其中在江西、浙江各建十所（其家鄉福建 80 所）。每所建築費三千至三千五百元。省政府遂決定在南昌、九江及八個行政區專員所在縣各建一校，並對具體地點、設計原則、建築圖樣和完成時間提出了要求。[166]

比較而言，中學教育規模不大。據統計，在一九三二到一九三七年的六年間，全省公、私立中學畢業的高中學生僅一千四百九十四人，每年平均僅二百四十九人；初中學生僅六千四百九十九人，每年平均僅一千零八十三人。[167]另據一九三五年出版的《第一次中國教育年鑑》記載，江西「其時各校科目不甚完備，除心遠中學注意英算外，余多注重經學國文」。與此同時，基督教在江西也辦有四所中學校，在校學生，一九三二至一九三四年各年分別為五百五十四人、五百九十五人和六百一十七人。[168]

江西高等教育，這時因教育部限制地方設立法政學校，江西法政專門學校因此於一九三三年停辦外，高等學校實際只有江西農業、工業和醫學三個專門學校（1932 年由教育部統一改稱江

---

165 《江西省政府訓令》（教字第 5198 號，1936 年 12 月 31 日），《江西省政府公報》第 696 號，1937 年 1 月 9 日。
166 詳見《江西省政府公報》，第 794 號，1937 年 5 月 6 日。
167 程時煃：《十年來之江西教育》，《贛政十年》（4），第 31 頁。
168 李楚材：《帝國主義侵華教育史資料・教會教育》，教育科學出版社 1987 年版，第 16 頁。

西農藝、工業、醫學專科學校。1935 年農專停辦，全省只剩 2 所專科學校）。從一九三一到一九三七年，在校學生僅一千零五十八人。[169]一九三六年，教育部在江西省政府「熱心贊助」下，擬在南昌設立中正醫學院，但這所學校到一九三七年九月二十五日才開學，已是抗日戰爭時期。因此，這個時期，江西的高等教育發展程度甚低。

但留學教育仍有所發展。從一九三二到一九三七年，全省留學人數有六百九十三人，其中自費學生二百三十五人，留學國別仍以日本最多，達四百三十人，其餘依次為德、法、美、比利時、瑞士。[170]這些學生大多學業有成，如一九三四年經考選留學歐美的劉恢先、盛彤笙、羅石卿、周慶祥等，即屬佼佼者。由於當時有留學期滿必須回國、回國後須「照留學年限儘先在本省服務」的規定，他們學成後返贛服務，雖然時間長短不一，但都為江西的建設發揮了良好作用。

3. 文化事業的不平衡發展

在戰爭與建設交替進行的十年間，江西文化事業呈現起伏不平、分佈不勻的狀態。一方面，在江西各革命根據地，文化教育事業蓬勃發展，戲劇歌謠運動此起彼伏，呈現出新文化建設的繁盛景象。另一方面，配合對革命根據地的軍事「圍剿」，省政當局在其統治區實行文化建設與文化「圍剿」並進方針，文化事業

---

169 程時煃：《十年來之江西教育》，《贛政十年》（4），第 60 頁。
170 程時煃：《十年來之江西教育》，《贛政十年》（4），第 62-63 頁。

呈現出很大的扭曲性。後一方面的大致情況是：

省圖書館在蔣介石駐昌期間，百花洲新館舍被南昌行營占用，只是在南昌市教育會設了一個臨時閱覽處為讀者服務。一九三五年行營結束後搬回百花洲新館，方才相對正式地開展業務。到抗戰前夕，省圖書館藏書增加到近十萬冊。一九三三年蔣介石在廬山開辦軍官訓練團期間，曾指令江西省政府督同省教育廳、勵志社和廬山管理局，創辦了廬山圖書館。該館一九三五年八月建成開館，因其特殊背景，徵集收藏了一批珍貴的圖書。

一九二九年省政府在南昌環城路設立江西省立科學館，見識可謂較早。但該館落成不久，即被徵用為「圍剿」行轅。到一九三五年十一月才遷入百花洲原行營新建房屋辦公。館內設有兒童科學實驗室，添置了一批儀器設備，進行科學普及活動。

當時頗有意義的一件事是大力舉辦音樂事業。當時認為，音樂有移風易俗、涵養德性、激勵志氣和充實人生等種種功效，在教育上居有重要地位，因此，在省政府積極支持下，江西聘請國內著名的音樂界人士程懋筠等回贛興辦音樂事業，一九三三年三月成立江西省推行音樂教育委員會（隸屬教育廳），以程懋筠為主委。音教會在一年多的時間內，致力於參考西樂組織，創製適合中國國民性的新音樂，設立了小型管絃樂隊、合唱隊和口琴班、提琴班、鋼琴班，創辦了面向全國的《音樂教育月刊》、《電影劇曲週刊》，開辦話劇團及改良平劇班，並在湖濱公園建成音樂堂，舉行第一場音樂會，表演西樂和中國樂曲、戲劇等節目。這件事當時影響很大，輿論指出「建築音樂堂舉行公開演奏，在

國內由政府主持的恐怕要以本省為創舉」[171]。音教會的活動，很有聲勢，也比較廣泛地吸引了國內音樂界人士，揭開了現代江西音樂事業的大幕，音樂在日後聲勢浩大的抗戰動員中發揮了重要的作用。

江西建設公共體育場較早。一九二七年即在南昌原貢院舊址建設省立公眾體育場。一九三三年改稱省立公共體育場（一九三四年因全國統一名稱再改稱江西省立體育場），以余永祚為場長，增設足球場、網球場、籃球場、兒童運動場等場所，開展民眾體育活動。曾在一九三四年舉辦江西全省運動會，省會女子運動會，小學運動會，水上運動會，在省內外產生很大影響，全省「於是體育之風氣大開」[172]。此外，江西還在一九二八年成立了省立通俗教育館（1930 年更名為省立民眾教育館，館長程宗宣），以講演、遊藝等形式推行大眾文化。一九三四年和一九三五年，先後創辦了廣播和電影事業。南昌市的大眾娛樂場所，這時主要有光明、明星、新明星等三個電影院，新興、昌新、江西等三個大舞台（演出平劇），新新、昇泰、洪都等三個遊戲場。

文學藝術方面，省內外的江西籍人士在小說、詩歌、散文創

---

171 《音教會湖濱音樂堂今日落成紀念，舉行音樂會並發表告市民書》，《江西民國日報》1934 年 9 月 23 日。當時演奏的西樂包括男女混合合唱、管絃樂、匈牙利舞曲、小提琴獨奏圓舞曲、馬賽曲、第二交響曲男女高音獨唱、歌劇《仲夏夜之夢》中「婚禮進行曲」等；中樂包括崑曲「醉打山門」元曲、平劇「捉放曹」和「教子」橫笛獨奏「夜曲」等，樂隊指揮程懋筠。

172 歐陽祖經：《十年來之江西文化事業》，《贛政十年》（18）第 10 頁。

作上，發表了不少新的作品。王小逸、彭芳草、曾可今、石凌鶴、羅黑芷、饒孟侃、夏征農、王禮錫等創作的小說、詩歌和散文集，相繼在上海、江西出版，《春水微波》、《落花曲》、《千古恨》等長篇小說的出版，填補了江西現代長篇小說創作的空白。但當局也推行了嚴厲的文化統制政策，以致出現在江西的魯迅、茅盾、巴金等這樣的作家的作品，也遭查封。江西省會民眾娛樂指導委員會審查禁演的平劇，亦達幾十個。[173]

　　文化事業的重要內容是報刊的發行。據內政部的有關記載，全國從一九三一年十一月開始實行報刊登記制度，當年江西僅有三家報社、二家通訊社做了登記，到一九三五年，全省登記的報社有三十七家，通訊社二十七家，雜誌社九家。而到一九三六年底，江西被核准登記的報社有八十家，雜誌社二十二家，報紙雜誌共計有一百零二家。[174]登記的另一面就是查禁。這個時期，江西省政府查禁了《革命日報》《江南晚報》等三十五種進步報刊。

　　江西這時的報刊，主要集中在南昌，有《江西民國日報》（國民黨江西省黨部機關報）、《掃蕩日報》（南昌行營主辦）、《華光日報》（主持者徐喆人）、《華中日報》（章益修）、《新聞日報》、《健報》（軍統系統的報紙。後改為《捷報》，主持者鐘富厚等）、《江西晚報》（楊幼農、楊次農兄弟）等。其中，《掃蕩

173　吳海、曾子魯主編《江西文學史》，江西人民出版社 2005 年版，第702頁。

174　《抗戰前國家建設史料——內政方面》，國民黨中央黨史委員會編《革命文獻》第71輯，第257頁、361頁。

日報》主要配合國民黨的軍事「圍剿」，從事反共宣傳。《華光
日報》一九三四年創辦，著重報導工商界的消息。《華中日報》
是國民黨江西派系中的心遠系主辦的報紙，一九三六年四月由李
中襄創辦於南昌，李中襄助手章益修任社長，主要報導新聞、國
民黨及心遠系的政治主張。[175]當時影響最大的報刊，除省黨部的
黨報等外，是所謂「褐櫫汗血主義」，以反共「協剿」為內容和
目的，由省黨部委員劉百川赴滬主辦和發行的《汗血月刊》、《汗
血週刊》，及其編輯出版的汗血叢書百餘種。[176]反共報刊的盛行
和進步報刊、文化活動的查禁，是省政當局實行文化「圍剿」、
「協剿」的重要內容。

175 參見萬人俊《舊南昌市報業掠影》，載《南昌文史資料》第 6 輯，第
6-23 頁。
176 歐陽祖經：《十年來之江西文化事業》，《贛政十年》（18）第 15 頁。

· 北伐至抗戰前南昌市的主要報刊一覽表

報刊名稱	創辦日期	創辦人	性質	報刊地址	停辦日期	備註
革命軍日報（南昌版）	1926年十一月	北伐軍總政治部南昌辦事處主任季方	北伐軍軍隊日報，初8開4版，後對開4版	1927年夏	發行5000份	
江西民國日報	1926年十一月23	國民黨江西省執行委員會	省黨部機關報，對開12版	南昌市毛家園26號	1949年五月	初名南昌民國日報
貫徹日報	1926年十二月二十日	國民黨南昌市執行委員會	市黨部機關報，對開4版	南昌市百花洲席公祠	1927年八月六日	發行2000份
民聲報	1926年	冬楊不平等	週刊，4開4版	南昌市心遠中學	1927年五月	曾名《民聲週刊》
江西晚報	1927年九月	總經理楊繩祖	日刊，4開4版	南昌市干家前巷	約1936年	發行1600份

報刊名稱	創辦日期	創辦人	性質	報刊地址	停辦日期	備註
新聞日報	1928年四月一日	南昌市記者公會	初4開4版,後對開4版	南昌市中山路東9號	1949年初	原名《南昌新聞日報》
商報	1929年九月	社長藍仲和(後為熊文釗)	對開4版	南昌市中山路87號	1938年五月五日	中間因經費困難一度停刊
江西正報	1929年九月	總經理夏甘霖	日刊,對開4版	南昌市毛家園61號	約1936年	
掃蕩日報	1932年六月二十三日(1931年三月試刊)	南昌行營政治訓練處,負責人賀衷寒	主要配合對革命根據地的軍事「圍剿」進行反共宣傳	南昌市磨子巷18號、107號	1935年二月四日休刊,後遷武漢	同時發行掃蕩旬刊、掃蕩畫報、掃蕩叢書

報刊名稱	創辦日期	創辦人	性質	報刊地址	停辦日期	備註
南昌商務日報	1931年十二月	社長楊繩武	對開8版	南昌市干家前巷13號	約1936年	發行2500份，有副刊一種
挺進週報	1932年六月	江西省國民黨整理委員會				
勖民報	1932年十月一日	姜豈凡	對開8版，	南昌市中山路34號	1932年十二月	因有廢民主、復科舉之嫌被當局停刊
民報	1933年初	總經理姜豈凡，總編輯俞百慶	日報，對開8版以促進商業為辦報宗旨	南昌市中山路149號	1942年夏	由勖民報改組而成，發行3500份

報刊名稱	創辦日期	創辦人	性質	報刊地址	停辦日期	備註
大光報	1933年三月一日	范爭波、吳品今、胡運鴻	日報，對開8版	南昌市中山路118號	1933年九月十七日	設義務廣告欄，免費登公益義舉廣告
真實報	1933年十月十日	不詳	不詳	南昌市中山路118號	1934年七月二十五日	向訂戶贈送反共刊物《汗血月刊》
江西商民日報	1933年十月十日	程小平、程文龍	日刊，4開6版	南昌市戍子牌82號	約1936年	有副刊2種
市光報	1934年九月	南昌市政委員會	週報。以研究市政建設為旨	南昌市政委員會	約1936年	發行3000餘份

報刊名稱	創辦日期	創辦人	性質	報刊地址	停辦日期	備註
華中日報	1936年四月十日	李中襄、章益修、鄔庭珍等	對開4版	南昌市章家祠9號	1938年二月五日	發行2000餘份
健報	1936年六月二十日	社長李錫鴻，總經理張理猷	黃埔軍校同學會成員主辦的日報，4開8版	南昌市高昇巷51號	1937年六月	

資料來源：《南昌市志》第6冊，第354-359頁；《南昌文史資料》第6輯等。

第六節 ▶ 全省社會狀況

一 三次農村社會調查

民國時期，受美國等來華學者的影響，社會調查之風興起。在二十世紀三〇年代初中期，江西或參與全國或自行組織，先後主要對農村進行了三次較大規模的社會調查。第一次是參加全國

土地委員會（由全國經濟委員會及內政部、財政部合組而成）一
九三四年八月組織的全國土地調查，其目的是為擬具解決土地問
題辦法之用。該調查為期六個月，江西被調查的是永修、餘江、
南城、清江、蓮花五個縣。一九三七年一月，土地委員會將調查
結果編成《全國土地調查報告綱要》。第二次是實業部江西農村
服務區管理處（後改隸經濟部）一九三六年十二月舉辦的江西農
村調查，目的在於真實瞭解服務區所處農村中的不同社會情況和
農業環境。這次調查由管理處處長張福良等主持，動員工作人員
一百餘人，調查十縣二百一十四村的一萬零一百二十九戶農戶，
其調查結果，編成《江西農村社會調查》（1938 年 5 月印行）。
第三次是江西省政府統計室於一九三六年組織的全省農業調查，
目的為求取農業、農戶方面精確的「各種數字以供需要」。該次
調查由統計室主任劉體乾主持，統計室制定農戶調查表，由省政
府令發各縣轉飭各區各保查填，調查表彙總後編成《江西省農業
統計》（1939 年 12 月印行）。上述三次調查，前兩次為點、後一
次是面的調查。此外，尚有為數不少的其他機構（如實業部中央
農業實驗所的農情報告和 1935 年的農民離村調查，省政府統計
室組織的通訊員調查等）以及個人的調查，包含或針對有對江西
農村的調查。這些調查材料，比較真實地反映了江西農村的社會
狀況。

二　農村社會構成

　　江西農村一九三六年有農戶二百一十八點二萬戶，占全省總
戶數的百分之八十點七；農民人口一千一百一十三點七萬人，占

全省總人口數的百分之七十八點八[177]。這些農戶，構成農村的不同階層，從調查數據看，呈現出三種為人注目的情況：其一，土地革命前後，如僅從土地使用上看，農村社會階層有較大的變化。中央農業實驗所《農情報告彙編》所載，一九三三年江西自耕農、半自耕農和佃農比率為二十四比三十比四十六；而江西一九三六年的調查，三者比率已變為百分之二十八點七、百分之三十四點二和百分之三十七點一。[178]這說明，土地革命後，江西農村自耕農和半自耕農戶數都有增加，佃農則有下降，人地矛盾和土地占有與使用之間的矛盾均有緩和，這顯然是土地革命的重要成果。一九三六年江西農業走上高峰，與此變化很有關係。其二，江西大地主少、中小地主和富農比例較高。一九三四年全國土地委員會的調查，依十類地權形態區分出江西農村各階層的百分比及其與全國平均數的差別情況[179]：

177 江西省政府秘書處統計室編印《江西省農業統計》第 1-2 頁，該人口數字似亦不確，據此計算 1936 年全省人口僅 1413 萬多人，而當年 5 月省民政廳據各縣市保甲實況統計，全省人口為 15404294 人，南昌縣農民占全縣總數 86%，孫兆乾據此推算 1936 年全省農戶為 2526223 戶，農民人口為 13247792 人。

178 江西省政府秘書處統計室編印《江西省農業統計》，1939 年 12 月，第 1 頁。

179 《中華民國史檔案資料彙編》第 5 輯第 1 編，財政經濟（七），第 7 頁。

· 江西十類地權形態與全國平均數統計表

類別	江西	全國總計	類別	江西	全國總計
縣數	5	163	自耕農	27.877	47.61
調查總戶數	29154	1745344	自耕農兼佃農	1.20	20.81
地主	10.10	2.05	佃農	14.27	15.78
地主兼自耕農	7.25	3.15	佃農兼僱農	0.003	0.02
地主兼自耕農兼佃農	0.64	0.47	僱農	0.42	1.57
地主兼佃農	0.04	0.11	其他	8.20	8.43

　　上述各類農戶，與全國平均數比較，江西地主和自耕農兼佃農的比例，較全國高出不少，而僱農人數較少。但江西地主的情況比較特殊，即所占土地比全國各地地主都少得多，在調查的全國十一省中，江西地主雖然比例不低，但所占土地面積，無論是最小額還是最大額，都是最少的，反映出江西極少外省或北方那樣的大地主，而以中小地主和富農為多。[180]

180 《中華民國史檔案資料彙編》第 5 輯第 1 編，財政經濟（七），第 5 頁

・各省大地主戶占有土地面積比較表

省別	調查縣數	大地主戶數	每戶所有面積之最大最小額
江蘇	8	117	1000-30000
浙江	13	242	300-5000
安徽	9	81	500-10000
江西	2	34	100-1000
湖南	11	122	100-10000
湖北	3	157	500-1000
河北	18	242	300-10000
山東	4	49	500-2000
河南	8	72	500-4500
陝西	8	148	500-10000
福建	5	281	300-7000
總計	89	1545	300-30000

其三，江西農戶占有土地的情況雖然比較普遍，但無地和占地太少者占絕大多數，地權仍然相對集中。農村服務管理處對十縣一萬零一百二十九戶農戶的調查，無土地者有三千六百八十戶，占百分之三十六點三三，即「有三分之一而強之戶數竟無立錐之地」。在有土地所有權的六千四百四十九戶中，五畝以下者又為多數，達三千七百二十六戶，平均每戶為二點二十七畝；五至十畝者一千四百九十三戶，平均每戶為七點八四畝（無地和10畝以下者占總戶數的 87.85%，占地為總土地數的 40.29%，平均每戶僅 1.14 畝，而據省政府統計室的調查，全省農戶平均

應有水旱耕地 22.3 畝）；一百畝及以上者占總戶數的百分之零點一八，平均每戶土地為二百二十八點三八畝。[181]這個情況固然不足以完全反映全省各地面貌[182]，但仍可說明，江西雖然很少大地主，但無地和十畝以下農戶占絕對多數，地權仍然相對集中。江西地權相對集中的一個重要表徵，除地主、富農占地較多外，是族產公田較多。[183]公田雖多為地主、富農所掌握，但「作為一種宗族、團體的占有形式，在實際使用中存在著多種多樣的情況，其利益者也不盡相同，不能將其與地主、富農私有田地簡單等同」[184]。

三 城鄉社會團體

進入二十世紀三〇年代後，江西城鄉出現一個重要的社會現

---

181 經濟部江西農村服務區管理處編印《江西農村社會調查》，1938 年 5 月，第 81 頁。

182 土地革命前全省農戶中，占田 10 畝以下者為 74.1%，10-30 畝以下者為 16.7%，30-50 畝以下者 7.1%，50-100 畝以下者 1.8%，100 畝以上者為 0.3%（孫兆乾著《江西農業金融與地權異動之關係》，1936 年 12 月（蕭錚主編：《中國地政研究所叢刊：民國二十年代中國大陸土地問題資料》），第 45199 頁）。但三四十年代已發生較大變化，占田 10 畝以下者在全部農戶中為 54.2%，10-30 畝以下者為 41.6%，30-50 以下者為 3.7%，50 畝以上者為 0.5%。這個變化，進一步說明了土地革命後江西土地占有關係的變動和農村社會階層的變化。

183 毛澤東 1930 年所作《興國調查》顯示，興國約占人口 6%的地主富農占有 80%的土地（其中地主 40%、公田 10%）；《尋烏調查》顯示，全縣公田比例高達土地總顯的 40%，地主占有則為 30%。

184 黃道炫：《一九二〇至一九四〇年代中國東南地區的土地占有》，《歷史研究》2005 年第 1 期。

象，是以自治為性質和目的的社會團體驟然興起，成為繼北伐戰爭時期之後出現的社團組織新高潮。出現這一現象的原因，源於國民政府推行的「訓政」政略及其地方自治政策，也與省黨政當局為「協剿」而實行組織和爭取民眾的意圖有關。各級黨部均設有管理和指導民眾團體的專門機構。

城鄉社會團體的組建始於一九三一年春，在一九三三至一九三四年間達到高潮，其隸屬和類別都為數不小。在隸屬上，如由省黨部直屬的民眾團體，即有南昌市教育會、南昌市工聯委員會、江西省婦女會、南昌市商會、萍鄉煤礦產業工會、九江碼頭工會整理委員會、江西全省商會聯合會等。在類別上，則幾乎涉及各個行業，比如南昌市，即有篷簟、水酒、字號、菜館浴堂、雜貨、造船、膠皮車、木業、旅棧、印刷、鹽業、京果、鞭爆、煙業、派報、瓷業、西藥、扇席草帽、簡帖紙、中藥、金銀、五金顏料、國貨、黃裱、蛋業、針織、錢業、玻璃、漆業、白紙、瓜子花生、書業、屠業、米業、面飯、輪船、皮革、夏布、曬紙、公寓、權度、糧行、劇團電影業、煤炭、估衣、木器、古玩、布業、綢緞洋貨等各同業公會五十六個，旅棧茶服、堆鹽、清唱、內河輪船、刨煙、廚師、清茶、飯業、迎賓、糕餅、屠牛、西式皮鞋、泥木、洋貨駁運、縫紉、機械、裱業、沐浴、染業、絨巾、香菸、印花布、鉛印等各業工會四十個，各碼頭把檔二十三個，各社會公益團體（如公益事務所、救生義渡總局、互助壽緣會、商團救火總會、紅十字會等）十五個，各自由職業團體如國醫研究會、醫學會、律師保民團等八個。其中除碼頭把檔歷史較長外，其他團體均成立於一九三三至一九三四年。從全省

市縣總計看，這個時候成立的職業團體，有區農會七十六個，鄉農會五百零四個，黨部直屬各業工會二十一個，各業工會三百七十九個，縣市商會六十四個，同業公會五百五十五個。[185]上述團體，從職業看，涉及城鄉人民生活的方方面面，其中既有傳統行業，也有屬於近代產業者。單個團體除黨部直屬者外人數都不多，如五十六個同業公會全部會員僅一萬零五百八十六人，四十個各業工會也僅有會員二萬零一百四十二人。在組織形態及其性質上，多已跳出了傳統行會的範疇，具有一定的近代組織形式和內容（黨部直屬者尤其如此），且均須經過黨部允准和註冊才能成立。這些社團的組織和活動，一方面，說明在修復、重建受土地革命衝擊的社會秩序過程中，黨部主導的社會公共領域得到較大的擴充；另一方面說明，它們成為城鄉尤其是城市社會運行的一個重要內容，特別是，它們與報刊等公共輿論機構，構成為江西近代市民階層參與政治、維護利益和影響大眾的重要平台。

四　社會生產力與民眾生活

江西的社會經濟，這時仍以農業占絕對優勢，全省國民經濟收入，農業高居首位，常占百分之八十二左右，而工、商、礦和交通四業，總共不到百分之十五。[186]實業部中央農業實驗所一九三三年的農情報告，對一九三一年到一九三三年全國各省農業生

---

185 民國《江西通志稿》，第 32 冊，第 10-18 頁。
186 江西省政府統計室編《經濟旬刊》，（1936 年）第 7 卷第 1 期。

產力水平有一個統計。僅從其中的農作物單產量看，江西農業在當時處於中等偏上位置。[187]

· 1931-1933 年江西主要作物每畝產量（單位：斤）

時間	粳稻	糯稻	小麥	大麥	高粱	小米	甘藷	棉花	大豆油	菜籽
1931	357	280	117	111	117	154	696	24	108	93
1932	378	345	123	121	131	172	768	24	116	92
1933	360	305	118	109	151	161	717	25	110	83

　　全省農業生產工具，仍為傳統的牛耕方式，一九三三年各種役畜數量及所占百分率，水牛為四十一點五萬頭、占百分之三十七，黃牛六十四萬頭、占百分之五十七，馬四點五萬頭、占百分之四，騾、驢各一點一萬頭、各占百分之一。平均兩戶多農戶才有一頭耕牛，牛力明顯不足。農具的新變化是農業院成立後，於一九三六年創辦農具廠，開始製造新式犁、打稻機、條播機、中耕器、碾米機、汲水機、枝刀、接木刀、噴霧器等農具，「頗為農民所樂用」。

　　但以自然經濟為主的經濟格局和生產力水平的不高，成為城鄉民眾收入低、租額高、負債面大、生活貧困和農民離村的重要

187 詳見第二檔案館編《中華民國史檔案資料彙編》第 5 輯第 1 編，財政經濟（七），第 509-518 頁。

原因。

　　南昌、九江等城鎮，手工工人居多但收入偏低。一九三三年，南昌市有手工業工人約九萬餘人，其工資最低者如織布工人每月五元，最高者如金銀、機械業工人有四十元，每天普遍需工作十小時；商店工人約七八萬人左右，每月工資最低者四元，最高者不過十二元；碼頭工人五千餘人，每日工資七角左右；人力車伕、轎工約四千七百人，每日所得六至八角，但工作時間均在十四小時左右。[188]九江市「各業工人所得之報酬較好，尚能維持一家之生活，且稍能儲蓄以備急需」，碼頭工人收入則「平均之僅足維持各人生活，間有少數收入稍多，亦僅夠一家兩三口之用，決無剩餘」[189]。比較而言，農民收入同樣不高。據一九三四年對各省農家收入多寡的調查，江西與全國平均各組收入戶數百分率為[190]：

---

188 江西省社會科學院歷史所編《江西近代工礦史資料選編》，江西人民出版社 1989 年版，第 358-359 頁。
189 《江西近代工礦史資料選編》，江西人民出版社 1989 年版，第 366-368 頁。
190 《中華民國史檔案資料彙編》第 5 輯第 1 編，財政經濟（七），第 34-35 頁。

· 1934 年江西農戶收入與全國平均數比較表

項目		江西	全國平均
收入數額占總戶比率%	調查縣數	5	163
	調查總戶數	29156	1745357
	25 元以下	1.31	4.32
	25～49.9	8.87	13.90
	50～74.9	17.55	17.40
收入數額占總戶比率%	75～99.9	16.36	12.54
	100～149.9	27.90	19.51
	150～199.9	13.24	11.36
	200～249.9	7.66	7.61
	250～299.9	2.32	2.57
	300～349.9	2.07	5.02
	350～399.9	0.59	1.44
	400～449.9	0.67	1.33
	450～499.9	0.14	0.63
	500～999.9	0.64	2.11
	1000 元以上	0.07	0.42
	調查不明	0.61	0.84

　　上表說明，江西農戶年收入大多在五十至二百五十元之間，在此段收入中均高於全國平均水平，但二百五十元以上各段，江西則均比全國平均為低。以維持最低生活必須計，江西農戶收支平衡狀況則較全國平均數略微好一些：

・江西農戶收支狀況與全國平均數比較表

省別	調查縣數	調查總戶數	收支有餘	收支相等	收支不敷	調查不明
江西	5	29156	17.94	50.95	30.50	0.61
全國	163	1745357	23.21	41.06	34.89	0.84

　　影響農民收入的因素，除了繁重的苛捐雜稅、戰亂和天災之外，對佃農而言還有較高的租額。儘管江西歷年地價及其變動，較全國二十個省的平均數為低（以 1912 和 1930-1934 年的 6 年平均數計算，江西水田地價為 41 元，旱地為 24 元，而全國平均為 59.79 元、32.37 元），但江西租額占地價及收益之百分率，在一九三四年蘇浙皖贛湘鄂等全國十四省的調查統計中，卻高居前列：江西平均額定租金占地價的百分之十五點七零，為全國最高，占收穫總值的百分之四十八點七三，繼河北、山東後列全國第三；實付租金占收穫總值的百分之四十一點一二，繼河北、山東、河南後列第四位。[191]

　　由於收支不敷，遂在農村出現大面積的舉債現象。據土地委員會一九三四年的調查，江西農村負債戶占調查總戶數二萬九千一百五十六戶的百分之四十八點八，戶均負債額為八十五點八八元，較全國十六省平均數的百分之四十三點八七和一百一十二點

191 《中華民國史檔案資料彙編》第 5 輯第 1 編，財政經濟（七），第 28-29 頁。

七一元，互有高低。[192]但到一九三六年省政府統計室組織通訊員填報六十五縣負債情況時，負債戶則上升到占農戶總數的百分之六十八點八，戶均負債額上升到一百零七點六六元，「殊堪驚人」，說明「本省各縣農民之生活困苦，勢非舉債度日不能維持其生存也」[193]。

生計窘迫，又導致不少農民或者賣地、或者被迫離開村莊，外出謀生或逃難。從統計上看，賣地者比例不低，在管理處調查的一萬零一百二十九戶中，買田戶為四百一十戶，賣田戶則有七百四十六戶，賣田原因「大多為家用不足及還債兩種，至為婚喪而賣田者，亦頗不少。足見農村雖有少數富戶，可以買田，但多數人家均為生計所迫，不得不將田地出賣，復因婚喪耗費，益感窮困」[194]。

---

192 《中華民國史檔案資料彙編》第 5 輯第 1 編，財政經濟（七），第 38 頁。同年實業部對江西 27 縣的調查，則江西負債戶數比例為借錢戶占 57%、借糧戶占 52%（《申報年鑑》1935 年，下，第 722 頁）。

193 孫兆乾：《江西農業金融與地權異動之關係》，1936 年 12 月（蕭錚主編：《中國地政研究所叢刊：民國二十年代中國大陸土地問題資料》），第 45262 頁、45271 頁。省政府統計室該年調查的全省農村借錢戶，更高達農戶總數的 70.2%，借糧戶為 57.2%（《江西省農業統計》第 5 頁）。借錢、糧均需承擔高利貸。又據中央農業實驗所 1934 年調查江西 27 縣債款來源情況，債權人主要為銀行、合作社、典當、地主、富農、商人、店鋪、錢莊等 8 類，以地主、富農為最多，分別占 33.6% 和 22.47%，其次為商人（18.4%）、店鋪（11.2%）；放貸利率，大多在年利 2-3 分（《申報年鑑》1935 年版，下，第 911 頁。但 722 頁說法有不同）。

194 經濟部江西農村服務區管理處編印《江西農村社會調查》，1938 年 5 月，第 88-89 頁。

農民離村是江西這個時期出現的另一個重要社會現象。江西外出農民各階層均有，並不獨貧苦農民然。據實業部中央農業實驗所一九三五年的農民離村調查，江西各種離村農民占同類農戶的比率，多數超過四分之一，其中地主離村高於全國二十二省的平均數。[195]

・江西農戶離村與全國平均數比較表

省名	縣數	地主	自耕農	佃農	其他
江西	25	27.4	24.5	31.6	16.5
全國	854	19.5	28.8	34.8	16.9

　　江西離村農民的去所和目的，分別為到城市逃難、到城市工作、到城市謀生、到別村務農、到別村逃難、到城市住家、遷居別村、到墾區開墾等，其中以到城市工作最高，達百分之二十七點三，比全國平均數百分之二十一點三還高；其次為到城市謀生，再次為到城市逃難、到別村務農。這些情況說明，對農民離村，不能籠統地視之為壞事，而應作具體分析。其中，到城市工作和謀生者比例較高，應該是值得肯定的事，這顯然與近代城市化進程加快和江西此一時期大力進行經濟建設，有著密切的關係。農民離村進城，既是其自身生活方式的根本改變，對江西城

---

195 《中華民國史檔案資料彙編》第 5 輯第 1 編，財政經濟（七），第 43 頁。

市和農村發展，也是有利的。

五　社會風氣與城鄉景觀

政風黨風不端，青年抗日要求高漲，則是這時的重要政治現象。杜重遠一九三二年二月十二日向鄒韜奮報告九江、南昌兩地狀況說，「南昌民氣較九江為盛，然遠不及長沙。弟到南昌寓青年會，蒙常、蔣兩幹事特別關照，在該會連續講演三日，聽眾日益加多，講畢承心遠、葆靈兩校之請，又在該兩校各講了一次。有志青年起而組織抗日運動者亦復不少。弟到南昌注意事項有二：（一）瓷業；（二）共黨。蓋二者皆係江西之名產，前者日趨消滅，後者日漸發達」。「年來剿共聲浪甚高，稽其實際，反為共黨增添實力不少。贛鄂湘三省已入共黨勢力範圍者，總在百縣以上。以故國庫日空，民生日蹙，而豪官大吏尚復宴安鴆毒，粉飾太平！」[196]又在說到湘鄂贛各省政治狀況時指出，各地掌握政權的國民黨「黨權高於一切」，本來有賴於其剷除官吏之貪污腐敗，挽救鄉村之破產，而實際上是「更貪污更腐敗更破產。我歷游各省，見黨部巍巍，黨權赫赫，稽其工作，除貼貼標語，喊喊口號，再放幾聲空炮外，別無所得。其中忠貞剛正之士亦非無有，然多數實與軍閥官僚聯合一氣，煙賭奉行，貪污常事。天天罵官僚而己則已成特等官僚，口口談土劣而己則已成變態土劣。

---

[196] 《向前千去》（九江通訊，1932 年 2 月 12 日），杜毅、杜穎編注《還我河山——杜重遠文集》，文匯出版社 1998 年版，第 28 頁。

甚或勾通警察，狼狽為奸，利用報館，敲詐成事。國難期中，竟至喪心病狂，由日貨抽出之款，平均分贓者有之，假扣貨為名向商人索賄者有之，醜態百出，原形畢露。」[197]

至於城鄉各地景觀，則不盡一致。曹乃疆一九三六年夏所見，高安公路、電話四通八達，錦江有舟楫之利，民風尚稱樸厚，唯迷信一時不易革除，農民生活年來日趨窘迫，除穀賤傷農外，負擔過重（縣中附加頻增）為最大原因；靖安民風樸厚，習於勞苦，既無大地主，又少赤貧之佃農，大半農民皆自耕自給。熊式輝故鄉安義縣雖多山地，但公路、教育發達，電線四布，田賦較輕，農民生活尚不感覺十分窘迫。[198]省政府委員李德釗視察贛東北、贛南所見則是：玉山從前有小上海之稱，近來極形衰落，四大名鎮之一的河口亦甚蕭條，而上饒市街市整齊，雕刻之美，實所罕見，朱子遺跡甚多，該地在物質上可稱富饒，在江西文化上也有價值；贛南原為粵軍駐紮，「煙賭公開」，南康十萬成年男子中有七千煙民，贛縣煙民也有六千多，一九三六年省政府從粵軍手中收回政權後，雖厲行禁煙，絕非易事，物價高漲，民有「強悍之風」，因爭吵常常發生械鬥，「益以煙賭娼之為害，人民的痛苦是不堪言狀的」[199]。

197 《長江之遊》（下）1932 年 3 月 8 日，《還我河山杜重遠文集》，第 36 頁。
198 曹乃疆：《實習調查日記》，1936 年 9 月，第 92 頁、94 頁、97-100 頁。
199 《黨政機關昨晨舉行聯合紀念週》，《江西民國日報》1936 年 9 月 8 日、9 月 9 日（續）。

· 記錄 1936 年南昌市舉行文明集體婚禮的歷史圖片

　　雖然這時在教育上比較花力氣，但文盲眾多和師資不足成為推進教育的重要障礙。文盲為全國城鄉的普遍現象，江西也不例外。南昌、九江的工人，超過半數不識字；而農村文盲人數則占農村人口的百分之七十八點一一，學齡兒童失學，為數亦復不少，其原因既因「農民由於貧窮，無力栽培子弟求學」，也與其「教育觀念之根本錯誤」有關。此外，城市中出現集體結婚的新式婚禮，但城鄉也仍盛行早婚風俗，最早有十二歲結婚者，普遍多在十五至十九歲，「童養媳亦為江西農村之特色」。農民疾病以瘧疾居多，而環境衛生極差，嬰兒死亡率高，一歲以下嬰兒死亡率達二百八十七點六。迷信仍然在農民生活中占支配地位。在農村服務處調查的二百一十四村中，有一百一十五村建有廟宇一

· 20世紀 30 年代南昌的輪渡（《你沒見過的歷史照片》第四集）

百七十五個，廟宇名稱有九十多種，「無論治病、求子、求福、求財等，唯神 是問，整個生活，竟皆為迷信心理之所支配」[200]。社會不良風俗的改變，確實需要一個很長的過程。

六　水旱災害

　　這個時期，也是江西近代水旱災害最為頻繁和劇烈的時期。在 一九一二到一九二六年的十五年間，江西曾發生過七次大的水旱災害，而在一九二七至一九三七年的十年間，水旱災害竟達九次，分別是一九二八、一九三一、一九三二、一九三三、一九

---

200 經濟部江西農村服務區管理處編印《江西農村社會調查》，1938 年 5 月，第 170-171 頁。

三五、一九三七各年的水災，一九二九年的蟲災，一九三〇、一九三四年的旱災，幾乎無年無災。其中，尤以一九三一、一九三四和一九三五年的災害，最為劇烈。

一九三一年的大水災，據行政院所派專門委員張錡赴贛查勘所報，全省四月間即春汛盛漲，沿贛、撫、修各流域被災頗重，「而七月間淫雨兼旬，各內河向以鄱湖、大江為宣洩之地者，至是江水陡漲，倒灌入湖，地勢又極低窪，瀦水過多，以致成災。凡濱江沿湖各縣，沖潰無數圩堤，災域至大且重，為百年來所未有。計災重者如九江、新建、南昌、湖口、彭澤、都昌、星子、德安、永修、瑞昌、鄱陽等十一縣，其次則餘干、進賢等各縣。各縣災民竟有達三十萬之巨者，少者亦在四五萬人，什之六七以勞工或借貸度日，而死者及流離失所者尚不在少數」[201]。全省六十餘縣遭災，死亡三千六百二十八人[202]，農田淹沒長達兩個多月，收成十九絕望。水災不但造成廬舍蕩然，災黎遍野，「極人世慘酷之悲境」，而且引發嚴重的逃難潮，全省農民每千人中流離人數高達九十四人，舉家流離者占百分之二十，流離人口占總人口的百分之二十八，雖然較江淮流域受災各縣的平均數據一百二十五人、百分之三十一、百分之四十為低[203]，江西農民因災流

---

201 《賑務委員會、內政部轉陳蘇浙鄂贛四省水災情況給行政院呈》（1931年12月26日），《中華民國史檔案資料彙編》第5輯第1編，財政經濟（七），第483-484頁。

202 李國強、馬雪松：《特大洪災與社會控制》，江西高校出版社2001年版，第188頁。

203 金陵大學農業經濟系：《中華民國二十年水災區域之經濟調查》，《金

離情況同樣十分嚴重。

　　一九三四年，江西遭遇旱災。熊式輝報告說：「全省亢旱，赤地數千里，田畝龜裂，稻麥萎枯，荒災面積廣達六十九縣區，嗷嗷哀鴻，與日俱增，為近今所罕見。本府兼籌並顧，力拙心殫，乃向世界紅十字會上海籌募各省旱災義賑會呼籲，雖然獲分賑銀米，無如杯水車薪，鮮克有濟，後以樹皮、草根、雜蕨、糠秕為食者，仍復不少，其最苦者，莫若食觀音土」[204]。這一年的旱災，還給江西農業生產造成嚴重損失。全省農作物占平常年份的收成量，稻穀為百分之四十五，小米為百分之三十七，棉花為百分之四十二，大豆為百分之四十四，玉米為百分之二十八，高粱為百分之三十二[205]，均不足一半。

　　緊接著，一九三五年再次發生水災。該年「春行冬令，霪雨連綿，幾無晴日，山洪暴發，沖毀河床，吉水、峽江等十餘縣區，一片汪洋，淪為澤國，抑且浸及城垣，蕩析廬舍，油菜、豆麥等行將收割，悉被淹沒，春收絕望，而苦雨陰寒，甫種之谷秧復霉爛殆盡，補種無力」[206]。災情造成「九江等縣飢民多自

　　陵學報》（1932 年）第 2 卷第 1 期。章有義：《中國近代農業史資料》，第 3 輯，第 889 頁。

204 《熊式輝致行政院長汪精衛請求賑濟嚴重水旱災情電》（1935 年 5 月 15 日），《中華民國史檔案資料彙編》第 5 輯第 1 編，財政經濟（七），第 490-491 頁。

205 鄧拓：《中國救荒史》，北京出版社 1998 年版，第 182 頁。

206 熊式輝致行政院長汪精衛請求賑濟嚴重水旱災情電》，1935 年 5 月 15 日。

殺」[207]。

　　一九三一年大水災過後，省政府開始組織築修沿江沿湖堤壩，一九三四年頒佈《整理全省水利六年計劃》。一九三五年遭遇災害後，又制定了《江西省二十五年度征工服役興辦各縣水利工程計劃大綱》，分設八區工程處，指導全省興修水利工程。一九三六年十二月三十一日，同意江西省新生活運動促進會的提議，通過並頒發了《江西各地修築橋樑辦法》、《江西省農村疏治溝塘辦法》，前者決定每年十二月一日為修橋節，動員民眾修築省道、縣道之外的大小橋樑；後者決定每年冬春以保為單位，疏挖水塘溝渠，以利蓄源節流。[208]到一九三七年夏，全省已修復堤線三千餘公里，同時修建了一批小型水庫、水閘等，使防洪能力有了提高，但該年水災時，仍死傷一千零八人，損失稻穀一千三百一十八萬石，損失財物總值四千四百七十萬元。[209]災害不斷和抗災能力薄弱，一直成為民國時期制約江西經濟社會發展的重大問題。

207 張水良：《中國災荒史（1927-1937）》，廈門大學出版社 1990 年版，第 9 頁。

208 詳見《江西省政府公報》，第 696 號，1937 年 1 月 9 日。

209 江西省政府秘書處統計室編印《江西省農業統計》第 6 頁。

第六章———

東南抗戰的前線

與後方

　　抗日戰爭時期，江西既是前線，又是後方，前線與後方並重，是我國東南地區抗戰的重要省區。我國第三戰區在贛東，第九戰區在贛中、贛西北，分別與入侵的日軍形成對峙，江西處在東南戰場對日作戰的前線，在江西境內先後發生了贛北作戰、南昌會戰、浙贛會戰、上高會戰等正面戰場的大規模抗日戰役，特別是贛北作戰和上高會戰均曾給入侵日軍以沉重打擊。以南昌、九江為中心的贛北十四縣市，被日軍占領，日軍在九江建立了偽省政權，對這塊地區實行殖民統治。全省有六十多個縣先後遭到日軍的侵擾，日軍在江西境內犯下燒殺搶掠的纍纍罪行，給江西人民的生命財產造成嚴重的損失。抗戰爆發時北方和東南沿海大量知識名流和流亡學生進入江西，給江西帶來勃勃生氣，抗日救亡運動風起雲湧，聲震東南。國民黨江西省政府在南昌失守後退居贛西泰和，行使戰時後方的政治、經濟和文化職能。戰時江西經濟和文化教育在特殊環境和條件下，出現一個很不平常的勃興之態。江西人民忍受巨大的痛苦和犧牲，堅持抗戰，以大量的兵役和糧食支持軍需民食，並以不少工業品支援西南大後方，為抗戰的勝利作出了重要的貢獻。

第一節 ▶ 抗戰初期的江西形勢

一　廬山談話會與國共兩次談判

　　一九三七年七月七日，日本帝國主義陰謀製造盧溝橋事變，悍然發動了全面侵華戰爭。在此之前的六月間，蔣介石為應對咄

咄逼人的日本侵略，以及諸多內政問題，決定以國民黨中央政治會議名義，在廬山召開各黨派及無黨派人士談話會，徵詢各界對內政外交的意見，在七月十五日起的一個月內，分三期邀請二百餘人參加談話。廬溝橋事變發生後，中國政府採取什麼樣的對策成為頭等大事，故廬山談話會尤其為中外所矚目。

廬山談話會實際舉辦了兩期。第一期在七月十六日至二十日舉行，出席人員一百五十七人；第二期在七月二十六日至三十日舉行，出席人員四十餘人。出席人員包括國民黨、青年黨、國社黨、農民黨、村治派、職業教育派、救國會等政黨社團的領導人，以及教育、學術、金融、經濟等各界名流（廬山談話會沒有邀請中共人士參加）[1]。談話會採取大會發言和分組討論（分政

1　當時上山進行國共談判的周恩來説，蔣介石舉行廬山談話會，「共產黨沒有份。我同林伯渠、博古同志三個人不露面，是祕密的」（《論統一戰線》，《周恩來選集》上卷，人民出版社 1980 年版，第 195 頁）。參加兩次廬山談話會的人員主要有：蔣介石、汪精衛、馮千祥、于右任、居正、戴季陶、張群、李烈鈞、曾仲鳴、王云五、千燮林、王星拱、王亞明、王世穎、方東美、尹任光、皮宗石、任鴻雋、任凱南、左舜生、張東遜、曾琦、張君勱、張志讓、張奚若、江一平、江恆源、朱慶瀾、朱經農、杜重遠、汪周典、何炳松、何基鴻、吳貽芳、吳經熊、馬寅初、馬君武、馬洗繁、李劍農、李建勳、李璜、李文范、邵鶴亭、竺可楨、邱椿、林志鈞、林維英、俞鳳韶、茅祖權、胡適、胡健中、胡定安、胡次威、凌冰、傅斯年、陶希聖、浦薛鳳、徐誦明、徐永祚、徐恩曾、梅貽琦、梁士純、張伯苓、陳其采、龔學遂、肅錚、蕭純錦、謝壽康、邵力子、譚熙鴻、蔣方震、蔣夢麟、樓桐孫、錢昌照、張西曼、段錫朋、經亨頤、葉楚傖、任啟珊、許仕廉、王芸生、章益、吳南軒、潘序倫、洪深、陳立夫、陳佈雷、蕭一山等。

治、經濟、外交、教育四個組）兩種形式進行。各黨派和各界代表在發言中，相繼提出了民族生存重於一切，在民族存亡關頭全國上下應一致服從政府，政府應於言論自由、特種刑法和新聞檢查等速予改善，政府施政與國民黨政綱應根據時勢變化而有變更，加強國防教育、青年訓練和充實學校內容，實行教育獨立、淨化教育等意見，表示要全國一致共赴國難。

談話會的最大成果是蔣介石發表的對日方針。十七日，蔣介石在第一期盧山談話會第二次大會上，報告盧溝橋事變情況，發表關於對日方針的談話。他嚴正地表示：我們既是一個弱國，如果臨到最後關頭，便只有拼全民族的生命，以求國家生存。那時節，再不容許我們中途妥協，須知中途妥協的條件，便是整個投降，整個滅亡的條件。他要求全國

・1937 年七月十七日，蔣介石在盧山發表抗戰談話（《中國抗日戰爭圖鑑》）

國民要認清所謂最後關頭的意義，最後關頭一到，我們只有犧牲到底，抗戰到底。他表示和平未絕望之前，仍希望和平解決，並提出瞭解決盧溝橋事件的四項最低限度立場，但「如果戰端一開，那就是地無分南北，年無分老幼，無論何人，皆有守土抗戰之責任，皆應抱定犧牲一切之決心，全國應戰以後之局勢，就只

有犧牲到底，無絲毫僥倖求免之理」[2]。蔣介石的這個談話，宣示了中國政府反抗日本侵略的正確方針，值得讚許。毛澤東高度評價說，蔣的談話「確定了準備抗戰的方針，為國民黨多年以來在對外問題上的第一次正確的宣言，因此，受到了我們和全國同胞的歡迎」，認為它與中共中央七月八日關於盧溝橋事變的宣言，「是國共兩黨對盧溝橋事變的兩個具有歷史意義的政治宣言」[3]。

盧山談話會是一次具有重要意義的會議，對於向世界宣示中國的抗戰決心和動員全國人民全面抵抗日本侵略，產生了良好作用。蔣介石舉行盧山談話會後，其夫人宋美齡也以個人名義，於一九三八年五月二十日，邀請十三省的婦女界領袖在盧山舉行談話會，中共代表鄧穎超、孟慶樹，江西婦女代表勞君展（許德珩夫人）、程希孟夫人、熊芷、雷潔瓊，以及史良、曹孟君、沈滋九、李德全、吳貽芳、劉清揚等各黨派和無黨派婦女代表共五十多人出席會議。會議歷時五天，主要討論戰時婦女動員和改善婦女生活、加強婦女團結等議題，制定了《動員婦女參加抗戰建國工作大綱》，「正確切實的認定了動員婦女的先決條件是提高婦女文化水準，改善婦女生活，確立婦女經濟獨立基礎，組訓婦女

2　《蔣介石盧山談話》（1937 年 7 月 17 日），魏宏運主編《中國現代史資料選編》，第 4 冊（抗日戰爭時期），黑龍江人民出版社 1981 年版，第 585、587 頁。

3　《反對日本進攻的方針、辦法和前述》（1937 年 7 月 23 日），《毛澤東選集》，第 2 卷，人民出版社 1991 年版，第 344 頁。

發動啟蒙運動。工作方法與內容又完備詳細的提出配合全面抗戰的一切工作，並決定以新生活運動總會婦女指導委員會為全國婦女工作最高指導機關」[4]，仍由宋美齡任指導長，委員則由原來的七名擴大為三十六名，中共的鄧穎超、孟慶樹、康克清當選為委員。這次會議，結成了全國婦女界抗日民族統一戰線，「在婦女運動史上是有絕大意義的」，對動員和團結全國婦女投入抗日戰爭，起了良好的作用。

在蔣介石舉行公開的盧山談話會時，另一件重大的事情也繼續在山上祕密進行，這就是繼在西安、杭州的國共談判之後，蔣介石和周恩來在盧山舉行的兩次國共談判。

第一次盧山談判是在六月間。周恩來六月四日上盧山，代表中共與國民黨繼續談判。從八日到十五日，周恩來與蔣介石進行了多次會談，宋美齡、宋子文、張沖等也參加了與周恩來的會談。在談判中，周恩來提交中共中央《關於禦侮救亡、復興中國的民族統一綱領（草案）》。蔣介石則提出，成立國民革命同盟會，由國共兩黨同等數量幹部組成，蔣介石任主席，有最後決定之權；紅軍編製為三個師，三師之上設政治訓練處為指揮機關；請毛澤東、朱德出洋；陝甘寧邊區政府由國民政府派正的官長，邊區推舉副的官長，等等。蔣介石的意圖，是要取消中共的獨立

---

4 《兩年來之婦女運動》（1939 年），《雷潔瓊文集》，上冊，開明出版社 1994 年版，第 59 頁；雷潔瓊：《抗戰初期我在南昌活動的片斷回憶》，《江西黨史資料》第 35 輯，第 186 頁。

性，將其完全融化在國民黨中。對此，周恩來表示，有關組織國民革命同盟會問題，事關重大，必須請示中共中央後定；有關紅軍指揮機關和邊區人事安排等問題，不能同意；他特別嚴詞駁斥要毛、朱出洋的安排。雙方爭執很久，又經與宋子文、宋美齡、張衝往返磋商，問題仍無法解決。[5]周恩來遂下山返回延安。

　　六月二十六日，南京政府電催周恩來再上廬山，繼續談判。周恩來在七月初起草好《中共中央為公佈國共合作宣言》的草案後，離延安南下，到達上海時正逢日本侵略者發動盧溝橋事變；十三日（或十四日），周恩來與博古、林伯渠到廬山，又逢蔣介石正邀請各方人士在廬山舉行談話會。這時，政治、軍事形勢都有了重大的變化，但蔣介石的態度仍無大的變化。這次談判，在周恩來、博古、林伯渠和蔣介石、邵力子、張沖之間進行。蔣在接過《中共中央為公佈國共合作宣言》[6]後，還不想立即承認中共的合法地位，不允許周等出席廬山談話會，實即不允許中共公開活動。[7]在紅軍改編後的指揮和人事問題上，雙方發生了激烈的爭執。蔣改變第一次廬山談判時的說法，表示紅軍改編後「各師須直屬行營，政治機關只管聯絡」。十七日，周恩來等在會談

5　金沖及主編《周恩來傳》，上，中央文獻出版社 1998 年版，第 443-444 頁；中共中央文獻研究室編《周恩來年譜 1898-1949》（修訂本），中央文獻出版社 1998 年版，第 373-374 頁。

6　該宣言 9 月 22 日才由國民黨正式公佈。9 月 23 日，蔣介石發表關於同共合作的談話。至此，第二次國共合作及抗日民族統一戰線正式形成。

7　《周恩來年譜 1898-1949》（修訂本），第 379 頁。

中，向蔣介石建議以《中共中央為公佈國共合作宣言》為兩黨合作的政治基礎，並盡速發動全國抗戰。同日，收到洛甫、毛澤東來電，指示周恩來等「為大局計，可承認平時指揮人事等之政治處制度，請要求設正副主任，朱正彭副。但戰時不能不設指揮部，以資統率」。十八日，周恩來將急需確定的具體問題寫成十二條，通過宋美齡交給蔣介石，主要內容包括允許各報刊載《中共中央為公佈國共合作宣言》，國民黨中央發表書面談話表示贊同；洛、毛上述關於紅軍指揮機關的意見；邊區政府正職從張繼、宋子文、于右任三人中擇任一人，副職由林伯渠擔任；國共雙方派人分赴鄂豫皖、閩浙贛、湘鄂贛等地聯絡與傳達國共合作方針，對南方紅軍游擊隊實行改編；允許中共在延安出版的《解放》週刊在全國發行。「但蔣介石仍堅持紅軍在改編後不設統一的軍事機關，三個師的管理直屬行營；三個師的參謀長由南京派遣；政治主任只能轉達人事、指揮，可以周恩來為主任、毛澤東為副主任。周恩來當即嚴正表示：蔣對紅軍改編後指揮與人事的意見，我黨決不能接受。」[8]由於「力爭無效」，談判陷入僵局，周恩來等十九日下山，經南京返回延安。第二次廬山談判仍以無決議而結束。

廬山談判雖未達成協議，但充分表達了中共的抗日要求和意見，因而有其重要的影響。八月十日，周恩來等到南京出席國防會議並繼續與國民黨進行談判。十三日，日本侵略軍在上海首先

8　金沖及主編《周恩來傳》，上冊，第 448-449 頁。

開槍，淞滬抗戰爆發。由於戰火燃燒到國民黨的心臟地區，蔣介石急需紅軍開往前線對日軍作戰，國共談判久拖不決的狀況於是發生急遽改變。十八日，蔣介石同意紅軍改編為國民革命軍第八路軍，任命朱德、彭德懷為正副總指揮（22 日正式公佈）。九月二十二日，南京中央通訊社公佈《中共中央為公佈國共合作宣言》，蔣介石二十三日發表談話，在事實上承認中共的合法地位。第二次國共合作和全國抗日民族統一戰線，至此正式形成。

二　大余、南昌談判與新四軍的成立

在改編正規紅軍為抗日部隊的同時，中共中央對南方紅軍游擊隊也作出了新的指示。

一九三七年八月一日，中共中央依據抗日民族統一戰線的新政策和全面抗戰展開的新形勢，作出《關於南方各游擊區域工作的指示》，指示堅持南方三年游擊戰爭的紅軍游擊部隊，在「保障黨的絕對領導的原則下」，與國民黨的附近駐軍或地方政權進行談判；在未確實談判好以前，部隊可自動改變番號，用抗日義勇軍、抗日游擊隊名義進行獨立的活動，開展統一戰線工作；談判好以後，即「改變番號與編制以取得合法地位」，「在新的條件下為執行黨的路線而奮鬥」。中共中央的指示，為南方紅軍游擊部隊順利進行從國內革命戰爭到抗日民族戰爭的重大轉變，指明了方向和辦法。

堅持南方游擊戰爭的領導者們，在通過各種渠道瞭解到時局的變化和中共中央的政策後，積極地開始進行思想和政策策略的轉變。八月八日，項英、陳毅等以中共粵贛邊特委名義，發表

《停止內戰聯合抗日宣言》，決定游擊區遵照中共中央關於紅軍與政府合作一致抗日的精神，在要求國民黨當局「立即停止進剿，准許抗日自由」的同時，與國民黨地方當局談判實行合作抗日。[9]隨後，他們將紅軍游擊隊改名為贛南人民抗日義勇軍，並於二十日分別致函國民黨江西省政府主席熊式輝、贛州第四行署專員馬葆珩、駐軍第四十六師師長戴嗣夏及大庚（今大余）等縣政府，表示洽談合作抗日事宜。與此同時，國民黨江西省、區、縣當局也通過寫信、派人等方式與紅軍游擊隊聯繫，表達停止武裝衝突和進行合作抗日談判的態度。

大余縣長彭育英[10]首先與項英、陳毅等取得聯繫。九月八日，陳毅下山，先與彭育英在大余池江會談，繼於十一日在彭陪同下赴贛州，與江西省政府代表、省保安處參謀長熊濱和馬葆珩

9　項英：《三年來堅持的游擊戰爭》，1937 年 12 月 7 日，《江西黨史資料》第 1 輯，第 84 頁。

10　彭育英（1903-1978 年），江西萬安人，早年考入日本早稻田大學，回國後任江西省建設廳行政科科長，加入政學系，與熊式輝有深交。1936 年 8 月被調任大余縣縣長。抗戰爆發後，他轉變對紅軍游擊隊的看法，稱中共為友黨、愛國志士。1937 年 8 月 27 日發出「感秘代電」，響應紅軍游擊隊合作抗日的主張，致信歡迎游擊隊下山談判抗日事宜。9 月 6 日與陳毅初見於梅嶺山下的鐘鼓岩，8 日正式到大余池江會談，後又相繼陪陳毅、項英赴贛州談判。談判成功後為解決紅軍游擊隊的給養，保護游擊隊家屬和釋放政治犯等，做了許多有益的工作，被陳毅稱讚為國統區難能可貴的七品官。因受到國民黨特務的迫害，1939 年辭職轉入經濟界，曾任江西裕民銀行副行長。新中國成立後經陳毅安排，在上海市任人民銀行提籃橋區辦事處副主任，上海市文史館館員、參事室參事。（《大余縣誌》，中國三環出版社 1990 年版，第 657-658 頁）

等談判。贛州談判達成了抗戰合作意見書和紅軍游擊隊改編的九條辦法，商定部隊先改編為江西抗日義勇軍游擊支隊，待編竣後再「編為正式國軍」。二十一日，項英由彭育英陪同到贛州，繼續與馬葆珩、戴嗣夏等談判，就紅軍游擊隊集中問題達成協議。上述各次談判，基本解決了贛粵邊紅軍游擊隊改編為抗日武裝的問題。

九月二十四日，項英應國民黨江西當局邀請，來到南昌（陳毅隨後也到南昌）與江西省政府代表談判，統一解決南方其他紅軍游擊隊伍改編的問題。南昌談判，解決了國民黨軍隊撤離紅軍游擊地區、國民黨當局釋放政治犯、南方各地紅軍游擊隊改編為抗日義勇軍等重要問題。二十七日，國民黨江西省黨部、省政府聯合舉行總理紀念週，項英應邀講演，指出中國有了歷史上前所未有之精誠團結，必將發揮任何飛機大砲均不能克服的最大力量，堅信最後勝利必屬於我。談判結果報到南京後，國民政府軍政部長何應欽也於二十七日致電項英、陳毅，稱「頃接贛省政府電告，兩兄敵愾同仇，情殷抗日，殊為欽佩……嗣後，借重之處必多。目前改編貴部一切手續，請就贛省府接洽辦理」[11]。熊式輝按照達成的協議，下令釋放了關在監獄中的所有政治犯，被關押三年之久的方志敏夫人繆敏，由此隨項英回歸隊伍。在南昌恢復與中共中央中斷了三年的聯繫後，項、陳先後以項英和中共中

11　《半月文摘》1937 年第 1 卷第 1 期。轉引自張日新、李榮祖《紅軍時期的陳毅》，檔案出版社 1991 年版，第 252 頁。

央分局名義，致信南方各紅軍游擊隊和發表《告南方游擊隊的公開信》，指出「中國在近年來，由於日本軍閥積極侵略，使民族危機到最後存亡的關頭。我們因民族危機的緊迫，為挽救國家的危亡，為求得中華民族的獨立和解放，於是取消過去蘇維埃運動和暴力奪取土地等政策，以求得全國團結一致、共赴國難。余遵照最近黨中央的宣言，已正式宣佈停止游擊戰爭，放棄過去一切活動，把全部游擊隊改編為抗日救國的武裝，統一於政府之下，效命殺敵。望接信後，立即集中聽候點編，以便追隨全國友軍和第八路軍之後，為挽救國家危亡和民族解放而作英勇的戰鬥」[12]。並在南昌月宮飯店二樓設立「南方紅軍游擊隊總接洽處」，以陳毅為主任，負責與各地游擊隊取得聯繫。二十九日，項英離開南昌返回大余池江。南昌談判的成功，打開了江西抗日戰爭的新局面，是抗日民族統一戰線在江西和南方開始實行的重要成果。

十月中旬，項英由大余出發，經南昌赴南京會見中共中央代表博古和八路軍代表葉劍英。行前確定，他離開後，南方各游擊區紅軍和游擊隊的集中、改編工作，由陳毅總負責；贛粵邊紅軍游擊隊的下山和集中改編等工作，由新任中共贛粵邊特委書記楊尚奎和特委領導成員陳丕顯負責。在南京，項英向博古、葉劍英詳細介紹了堅持三年游擊戰爭和同國民黨江西當局進行談判的情

12　上海《新聞報》1937 年 9 月 30 日。轉引自王輔一著《新四軍簡史》，中共黨史出版社 1997 年版，第 33 頁。

況。博古、葉劍英在十月二十六日致洛甫、毛澤東的電報中，報告項英即將離寧赴延安，並認為項英、陳毅進行的談判「總的方向是對的」[13]。隨後，項英轉赴延安向中共中央匯報，陳毅等在南昌、贛南等地負責聯絡各游擊隊下山集中改編事宜。

在此期間，中共中央與國民黨中央就南方八省紅軍游擊隊改編為抗日部隊問題，已經達成協議，決定將南方游擊隊統一改編為國民革命軍陸軍新編第四軍（簡稱新四軍），以北伐名將葉挺任軍長。十月六日，國民黨中央電告江西省政府主席熊式輝，告稱贛粵邊、閩贛邊、湘鄂贛邊、湘贛邊、皖浙贛邊、閩西、鄂豫皖邊等地紅軍游擊隊，均編入新四軍，由葉挺編遣調用。十二日，南京國民政府正式頒佈新四軍番號。十二月，由延安返回的葉挺在武漢著手籌組軍部。副軍長項英、參謀長張雲逸、政治部主任袁國平和副參謀長周子昆隨後也分兩批從延安帶領調來新四軍工作的一百多名幹部，到武漢與葉挺會合。延安調來的幹部中，有不少人是江西籍紅軍幹部。[14]

一九三八年一月四日，遵照中共中央軍委關於新四軍「軍部第一步設南昌」的指示，項英和張雲逸、曾山、周子昆等率新四軍軍部機關人員，由武漢乘船經九江赴南昌。六日，項英等進駐南昌市高昇巷一號（原張勳公館），宣佈新四軍軍部正式成立

13　詳見王輔一《新四軍簡史》，第 35 頁。
14　參見中共江西省委黨史研究室編《中共江西地方史》，第 1 卷，第 459頁。

・1937年十二月二十五日，新四軍軍部在漢口成立。翌年一月移至南昌。圖為軍部成員在南昌合影（《中國抗日戰爭圖鑑》）

（葉挺不久後也到達南昌）。同時，根據中共中央的決定，在南昌成立了以項英為書記、曾山為副書記的中共中央東南分局，項英、陳毅分任正副書記的中共中央軍事委員會新四軍分會，黃道為主任的新四軍駐南昌辦事處[15]。新四軍轄四個支隊，長江以南的各紅軍游擊隊編入第一、二、三支隊，長江以北的紅軍游擊隊編為第四支隊，陳毅、張鼎丞、張雲逸、高敬亭分任四個支隊司令員，傅秋濤、粟裕、譚震林、戴季英分任副司令員。支隊下轄團。全軍兵員一萬零三百人，槍枝六千二百餘支。新四軍是中國

15　新四軍在江西還相繼在大余池江瑞金、崇義思順、吉安、永新黃崗，宜春慈化、修水、都昌、浮梁瑤里、景德鎮、貴溪、鉛山河口、鉛山石塘等地設立辦事處、留守處、通訊處，南昌辦事處後移至上饒。在南方其他省也設有這類機構。

共產黨領導的一支士氣高昂、富有戰鬥力的抗日部隊，它的成立，壯大了東南地區的抗日聲勢。

新四軍組建完畢後，立即開赴抗日前線。一九三八年二月，各支隊相繼由集中地向皖中、皖南開進。四月四日，葉挺、項英率軍部離開南昌進駐皖南岩寺。此後，新四軍在大江南北縱橫馳騁，展開了英勇卓絕的抗日作戰，在中國人民抗日民族解放戰爭史冊上留下了光輝的記錄。

三　江西抗日救亡浪潮的興起

隨著廬山談話會的召開和紅軍游擊隊的改編，江西抗日救亡形勢日益發生新的變化。

盧溝橋事變的發生，引起江西人民的極大憤慨。七月十三日，江西省以國民黨省黨部和全省各界民眾的名義，向盧溝橋抗日將士發出慰問電。同日，宣告成立「江西省各界民眾抗敵後援會」。後援會的前身是為聲援綏遠抗日而成立的「江西各界綏戰後援會」。它「由省會各法定民眾團體及文化機關代表暨社會碩望紳者組織而成」[16]，國民黨江西省黨部常委劉家樹任總幹事。後援會規模龐大，內設宣傳、交通、運輸、救護、看護、偵察、慰勞、捐募等八個工作團，到一九三八年初先後成立了全省八十

16　《江西省各界民眾抗敵後援會工作簡報》，1938 年 5 月。該會 1938 年 7 月改組，由許德珩任主任委員，王枕心為總幹事。另見周國鈞《一年來的省後援會青年界分會》，1939 年 9 月，均藏江西省檔案館。

三縣分會（縣以下還成立了區、鄉鎮分會）和工商、教育、婦女、新聞記者、文化、青年等各界分會，出版會刊《抗日評論》（旬刊），組織宣傳隊一點八萬個，進行了大量的抗日宣傳、徵集款物和慰勞前方將士的工作。這是在全面抗戰爆發後，以省黨部為主主辦的江西最大和最早成立的民眾抗日救亡團體，其成立適應了抗日宣傳動員的迫切需要。

八一三淞滬抗戰爆發後，江西隨即成為東南抗日的大後方。八月十五日，日軍飛機第一次轟炸南昌。此後日軍戰機對南昌及江西其他重要城市的轟炸，連番不斷，江西的戰爭氣氛日趨濃烈。日機轟炸給人們帶來了心理的不適和緊張，當局的戰爭動員工作也未能跟上，因此南昌等地一時出現慌亂。九月間從上海來到南昌的羅瓊談到當時情況時說，在南昌，支配著一般人心理的不是怎樣抗敵，而是怎樣避難。為躲避敵機轟炸，政府機關的委員們正忙著到鄉下看地蓋房子，中下級公務人員則跑在鄉下租房子住，救亡氣氛比較沉寂。出現這種情況，羅瓊認為「一半由於領導者的對於民眾運動提倡不力，一半由於青年幹部過於缺乏」[17]。

隨著上海、南京、杭州、廣州等地的失陷，京津滬蘇浙等地流亡學生和部分文化名流的進入江西，這種情況發生了改變。當時從北平、上海等地，或由政府邀請，或由中共組織派遣，或遷

17　羅瓊：《一線曙光》（南昌通訊），《抵抗 3 日刊》，第 20 號，1937 年 10 月 23 日出版。

校（如同濟大學、浙江大學等），或流亡，在南昌集中了一大批著名人士和青年學生。僅從上海、蘇州、無錫、常州、丹陽、鎮江和南京等城市流亡來到南昌的大、中學校的學生，就成千上萬。大部分青年學生因找不到工作而轉往長沙、武漢後，留在南昌的仍有二千多人。[18]許德珩、王造時、雷潔瓊、薛暮橋、朱克靖、羅瓊、夏征農等一大批文化界名流也聚集到南昌，中國農村經濟研究會首先來到南昌出版《中國農村》戰時特刊和《抗戰言論集》，頗受各地讀者歡迎。他們的陸續來贛，為江西輸入了大量的新生力量。另一方面，南京、杭州相繼失陷後，江西在東南地區抗戰中的地位更加突出，贛東與皖南同時成為擔負蘇浙地區抗日作戰的第三戰區的依託基地，南昌則由內地省會城市一變而為抗日作戰的前沿城市，江西抗戰的氣氛益形緊張，也促使當局對片面的動員政策和江西的戰時地位產生反省。江西城市的抗日救亡運動，在一九三七年冬進入新的高潮。

　　一是省政府在積極支持的同時，自身也開始介入戰爭動員。一九三七年十一月五日，江西發起抗戰宣傳週活動，公佈了四十四條抗戰標語。六、七兩日，省政府召開有各界五百多人參加的全省抗敵總動員會議，通過了全省精神、人力、物資三個總動員方案。三個動員方案包涵廣泛，被認為是「抗戰初期本省一切工作的準則」。隨後，省黨政當局訂定以喚起國民自覺、補充抗戰

18　何士德：《青年服務團一大隊的活動》，共青團南昌市委編《南昌青年運動回憶錄》，第 193 頁。

將士、保衛地方治安、供給抗戰需要為全省總動員的四項目標，務使「由都市城鎮推及各地鄉村，而達每保每甲，使家喻戶曉」[19]。十二月二十三日，在南昌成立江西省動員委員會，負責籌劃指導全省抗敵動員工作，省政府主席熊式輝兼任主任委員。熊式輝號召全省實行抗戰總動員，要求民眾踴躍為抗日貢獻人力、物力和財力，黨政機關樹立必勝、犧牲、協同、創造等八條信條。動員委員會是一個常設的專司全省抗日動員總責的政府機構，在各縣也成立了相應組織（1938 年 6 月還將各縣抗敵後援會合併於各縣動員委員會），統管戰時組訓、徵調、救濟、宣傳等工作，對全省的抗日動員發揮了較大的作用。[20]江西當局對於全民抗戰的態度和行動，是積極的、認真的。

二是各種抗日救亡團體紛紛成立，抗日宣傳活動熱烈活躍。當時成立的以青年為主體的民眾抗日救亡團體主要有：「江西省鄉村抗戰巡迴宣傳工作團」，一九三七年十月由平津流亡學生中的中共黨員周平非、鄒文宣、李肇令等和上海大夏大學流亡學生團體中的中共黨員余昕、郭敏、劉開基、陳訓濤等發起組織，隸屬於省教育廳，省民眾教育館館長程宗宣兼任團長，下設八個分隊和一個演劇隊，有近八十人。「江西省婦女戰時服務團」，一九三七年十二月成立，下設六個大隊。「江西省戰地青年服務

19　《省黨政機關訂定抗戰宣傳總動員目標》，《江西民國日報》1937 年 11 月 28 日。

20　王青華：《江西之動員工作》，載《贛政十年》（43）第 3 頁。

團」，一九三八年一月十日，由王枕心與熊式輝出面、新四軍駐昌辦事處參與合作，集中外地流亡青年學生四百多人和本省失學失業青年學生七八千人而組成，熊式輝兼任團長，王枕心為總幹事，夏征農、陳洪時分主宣傳和組織，下設十個大隊，是「江西一個最大的青年救亡團體」[21]。「新四軍戰地服務團」，一九三八年二月成立，朱克靖為團長。「中華民族解放先鋒隊東南總隊」，一九三八年五月成立，領導人為陳丕顯、楊斌、于光遠等。「江西青年戰時工作團」，一九三八年五月成立，負責人有楊洪、鄒文宣、程一惠等。「贛江木船工人救國會」，一九三八年七月成立，負責人李昭賢、李祺德等，參加者為贛江上的船民，會員發展到一千餘人，並在吉安、萬安、樟樹、贛州、于都、九江等重要碼頭設立了分會，進行宣傳抗日、支援前線、交通聯絡等工作。[22]

在江西本省組織抗日救亡團體擴大抗戰動員的同時，滬浙等地的抗日救亡團體也不斷進入贛東城鄉。他們熱情高漲，吃苦耐勞，表現出強烈的愛國精神和奉獻精神。如一九三八年春，十多位從上海到浙贛農村工作的知識青年，每天在鄉村流動工作，最初的四個多月中，經過了十二個縣城，六十多個鄉鎮，「上海的

21　《中共江西省委政治報告》，1940 年，《江西黨史資料》第 35 輯，第 34 頁。該輯還收錄有夏征農著：《江西省青年服務團的成立經過》（第 190-195 頁）。

22　湯靜濤：《如火如荼的青年救亡運動》、《江西民眾救亡團體一瞥》，均載《江西黨史資料》第 34 輯，中央文獻出版社 1995 年版，第 114-132 頁。

經費接濟早已斷絕，每天和飢餓寒風做朋友，衣履襤褸，一般人把我們看作難民」，「可是由於四個月的鍛鍊學習，我們已經漸漸地熟習如何運用工作方式，認識和適應內地的環境，十幾個工作員便結成了一架靈活可用的機體」[23]。他們在貴溪、廣豐的一個半月中完成了九項工作：各學校、部隊的歌詠、戲劇、漫畫兩週訓練；婦女戰時常識訓練；成立婦女戰時服務團；小學教師座談會；成立小學生聯合宣傳隊；小學生集中訓練；出版宣傳文件九種；發行畫刊一種；平均每週舉行宣傳會一次。同時，他們還做了農家訪問、籌備一個半月下鄉巡迴宣傳及其他訓練工作。

當時的中共江西省委總結江西抗日救亡活動的情景時說：「青年知識分子（從平津、上海、浙江各地流亡進來的，與本地失學青年）成為這一區域民眾救亡運動（這時民運的主要方面）的動力，由青年的救亡運動發軔乃至推動工運、婦運的開展，由抗日聯繫到民主（改革政治機構等），建立新的群眾組織，改造舊的（如婦改會），運動由城市捲到鄉村，一路奔騰澎湃，激盪著整個區域。」[24]各救亡團體共同譜寫了江西抗日救亡的畫面。

遺憾的是，當局對蓬勃興起的各界民眾抗日動員，很快採取了收束而不是放手支持的政策。雖然形成了抗日民族統一戰線，國共兩黨在江西也合作開展了動員工作，但國民黨省政當局總是

---

23 周君實：《浙贛工作六個月》，《抗戰 3 日刊》第 74 號，1938 年 5 月 23 日出版。

24 《江西省委抗戰兩年來工作總結》，1941 年 6 月 17 日，《江西黨史資料》第 35 輯，第 57 頁。

企圖限制中共組織及民眾團體的活動，並「多方設法」爭奪對民眾的領導權。[25]一九三八年十月，國民黨江西省黨部頒佈《抗日救亡團體總登記辦法》，限制抗日救亡團體的活動和發展，當時最有聲勢和成績的江西戰地青年服務團，一九三八年十二月五日被熊式輝宣佈解散。其他抗日救亡團體也相繼被當局解散或改組。民眾自發和自覺的抗日救亡活動，被強制性地納入國民黨的操控軌道。

四　贛北抗日作戰與萬家嶺大捷

　　一九三七年底，日軍攻陷南京。一九三八年七月，日軍以重兵分為兩路，沿長江兩岸合擊武漢。國民政府集中百萬兵力，展開規模浩大的武漢會戰。贛北成為保衛武漢的外圍作戰的激烈戰場，江西由此投入直接對日作戰中。

　　武漢會戰的外圍作戰，分長江北岸和南岸兩條戰線進行。北岸作戰由以李宗仁為司令長官的第五戰區擔任，南岸作戰以贛北為重心，由六月間專門組建的以陳誠為司令長官的第九戰區擔任。按照統帥部南岸作戰「決在德安、瑞昌一帶與敵決戰」，在武漢外圍圍殲敵軍的部署，陳誠以利用贛北山川湖泊天然屏障、殲滅日軍於鄱陽湖東岸及田家鎮要塞以東為作戰目的，集中兩個兵團的兵力，令薛岳第一兵團防守南潯鐵路，並在鄱陽湖沿岸縱深部署，阻止日軍進攻南昌，該兵團即以王敬久軍守星子以南湖

岸及其西側隘口，俞濟時軍守德安及馬回嶺，商震軍駐德安、永修間為預備隊，葉肇軍守南昌；令張發奎第二兵團沿長江南岸構築陣地，確保九江及田家鎮，阻止日軍由瑞昌西進，該兵團即以王陵基集團軍守馬回嶺、西嶺、東嶺、項家嶺、高嶺一線，蕭之楚軍守高嶺、赤山童、茨花山一線，孫桐萱軍守天子山、牯牛地區並以一師控制瑞昌，霍揆章、李延年兩軍守田家鎮要塞並固守馬頭鎮，關麟征軍位置楊坊、笠溪間為預備隊。另令李玉堂、吳奇偉、李漢魂等軍擔任掩護並為總預備隊。[26]九江以下的長江南岸地區，則由以顧祝同為司令長官的第三戰區擔任防守，策應贛北作戰。

數十萬軍隊的進入和部署，在使江西的戰爭形勢頓呈嚴峻的同時，也使江西在抗戰中的戰略地位凸顯出來。時論將江西與山西並列，指出：「從戰略的地位和地形條件來說，山西和江西都是不可失的。失掉山西，一個華北和西北便沒有了反攻和作戰的據點；失掉江西，便沒有法子來撐江南的戰局。」[27]江西在東南抗戰的格局中，是一個重要的前沿陣地，具有舉足輕重的戰略地位。

贛北作戰歷時三個多月。六月，日軍華中派遣軍司令官畑俊六指揮第十一軍岡村寧次等部，溯江西上發動進攻。波田支隊於

26　《蔣介石致陳誠密電稿》（1938 年 7 月 26 日），中國第二歷史檔案館編《抗日戰爭正面戰場》，上冊，江蘇古籍出版社 1987 年版，第 687-688 頁。

27　《抗戰前後的江西》，1938 年 8 月 16 日。抄件存江西省檔案館。

二十六日攻占長江天塹馬當要塞。駐彭澤的第十六軍第一六七師師長薛蔚英因增援緩慢、貽誤戰機,被蔣介石下令槍決。二十九日,彭澤失陷。日軍繼續進攻湖口,七月四日,湖口失守,鄱陽湖貫通長江的咽喉重地被敵切斷,九江也失去了東面的屏障。波田支隊隨後潛入鄱陽湖,經激戰於二十三日突破我姑塘陣地,登陸成功,向九江突進。在此期間,我集結重兵防守九江,第二兵團司令張發奎十五日由武漢經瑞昌到達九江,第九戰區司令長官陳誠也於二十日由南昌抵達九江,召集師長以上軍官部署九江作戰。二十四日,日軍挾飛機大砲毒氣猛攻九江,守軍李玉堂等部頑強抵抗,經兩天多的激戰,二十六日,贛北重鎮九江落入敵手。張發奎隨即被調離贛北前線。

九江的快速失陷,有多方面的原因。張發奎在致蔣介石的報告中列舉了六點,其中有九江附近公路如九星、九瑞、瑞昌至陽新、瑞昌至德安、永修至箬溪以及南潯鐵路北段交通線,早經徹底破壞,而軍隊雖勉強集中,九江附近野戰工事僅完成三分之一,因之不能長期固守;運輸不良,兵站設施欠缺,九江附近近十萬部隊,僅恃九江至馬回嶺小徑為後方聯絡線,無法及時運送糧彈補給和傷兵,以致士兵枵腹應戰,傷兵呻吟道左,作戰精神,頓形頹喪;各部聯絡不確,未能協同;警戒疏忽;高級將領間缺乏自信心,中下級幹部多無力掌握部下。而最嚴重的是部隊軍紀不良,民眾逃亡。張發奎說:「查此次各部向九江附近集中時,因運輸困難,戰時增設部隊又驟難足額,沿途鳴槍拉夫、搜尋給養,不肖者且因而強姦擄掠,軍行所至,村舍為墟。職由陽新徒步經瑞昌至九江時,滿目荒涼,殆絕人跡。民眾既失同情之

心，軍隊自無敵愾之志。如此而欲其奮勇殺敵，自不可能。」[28]這一點引起蔣介石的特別注意，蔣為此立即電令陳誠和軍法執行總監部何成浚總監，指出：「軍紀不良，民眾逃亡，影響抗戰前途纂大。特電知照，迅速設法糾正，喚發民眾抗戰情緒為要。」[29]

攻占九江後，日軍以第九、第二十七師團和波田支隊為右路，進攻瑞昌，意圖穿越幕阜山，切斷粵漢路；以第一〇一、一〇六師團為左路，沿南潯路及其東側向南昌方向進攻，掩護右路行動。國民革命軍第九戰區令第一、二兵團分別阻擊敵左、右兩路進攻，部隊在日軍飛機轟炸、施放毒氣和重兵猛攻中，以與敵決死的精神，英勇作戰，每一地的進退，敵我雙方都付出了嚴重傷亡。右路日軍八月二十四日攻占瑞昌，九月十四日攻占長江要塞馬頭鎮，第二兵團隨後在鄂東南地區步步阻擊日軍。

第一兵團在薛岳指揮下從八月三日展開南潯會戰，與日軍在廬山南北激戰。進入廬山地區的敵一〇六師團傷亡慘重，幾乎失去進攻能力。日軍因之大為震撼。一名日兵的日記記載說：「幾次進攻中，廬山上的迫擊砲彈如雨點般從天而降，皇軍大受威脅，死傷可怕。」沒幾日，這名日兵也命喪炮火，他的日記卻成了這場戰鬥的真實記錄。戰至八月中旬，第一〇六師團僅大佐銜

28　《第二兵團司令張發奎報告書》（1938 年 8 月 7 日），《抗日戰爭正面戰場》，上冊，第 697-698 頁。

29　《蔣介石致陳誠等電稿》（1938 年 8 月 13 日），《抗日戰爭正面戰場》，上冊，第 702 頁。

的聯隊長就一死二傷，其他佐、尉級軍官死傷上百，士兵死傷達數千人。山上山下及稻田中，日軍遺屍遍地。[30]日軍即以第一〇一、二十七師團增援，久攻之後於二十日攻占星子，但其後又在馬回嶺、廬山南麓東、西孤嶺分別遭到中國守軍的沉重打擊。一個日兵記述當時戰場情況說：「我軍現正使用毒氣。敵人有學生軍，也有女學生參加，主要是赤化抗日分子和正規軍，是相當有力的部隊。敵人的陣地是天然要塞。我方炮擊則避入岩中，我方停止，又出而射擊。一五七聯隊二個中隊行敵前登陸（星子縣附近），進至半山腰時，遇到數倍於我的敵人的襲擊，大隊長中隊長統統戰死，受到全滅的打擊……現在攻擊中的敵人力量很強，一星期內連一個山頭都不退出。而且有懂日本話的人。到處書寫愚弄日軍的文句。無論到哪裡，都找不到一個中國人民」[31]。九月三日下午，我守軍各部組織反擊，首先全殲第一〇一師團的第一〇一聯隊，擊斃聯隊長飯冢國五郎大佐（後被日本大本營追晉為陸軍少將）。二十七日，一〇一師團師團長伊東政喜中將中砲彈負傷，被送回九江日軍野戰醫院救治。[32]二十七師團損傷同樣

30　李德福著：《侵華惡魔——岡村寧次》，世界知識出版社 1995 年版，第 183 頁。

31　孔生（徐先兆）編譯《敵軍日記》，江西省合作同仁互助社 1939 年版，第 3 頁。此書是徐先兆 1938 年 12 月將我軍在贛北戰場繳獲的日軍日記，「照原文忠實譯出」，書中還有不少反映日軍士兵厭戰的內容。上述引文中的學生、女學生，據譯者注指我第一六〇師隨軍學生服務團。

32　伊東政喜在指揮東西孤嶺作戰中，曾兩次下令使用毒氣，致使我軍傷亡嚴重。他當時被我軍擊成重傷，戰後以日本乙級戰犯受到審判。

慘重，差一點遭到被圍殲的厄運，因一〇六師團的冒進頂替而得以僥倖逃脫。

得到兵員補充的敵一〇六師團繼續投入作戰後，求功心切，竟然孤軍向中央突進，意圖一舉改變戰場態勢，卻在德安萬家嶺地區陷入薛岳兵團十萬兵力的包圍。激戰竟旬，十月六日，薛岳所部對其實施決死攻擊。敵第十一軍派出大量飛機空投彈藥物資和二百餘名中下級軍官，企圖救援陷入絕境的第一〇六師團第一三六旅團。九日，薛岳下令各師選派敢死隊數百名，突擊敵軍，「因敵頑抗，不願繳械投降，致盡遭格斃，陳屍滿谷，棄械遍野，僅數百人向西北豕突，情狀至為狼狽」[33]。激戰到十日凌晨，除敵師團長率少數官兵逃脫外，徹底結束戰鬥。整個萬家嶺包圍作戰，殲敵一萬多人，基本消滅了日軍第一〇六師團，取得震驚中外的「萬家嶺大捷」。蔣介石得到「各軍大舉反攻，殲敵逾萬」的喜訊，為全體將士的忠勇奮鬥「曷勝嘉慰」，當即下令陳誠賞五萬元、他自己另賞五萬元犒賞作戰部隊。時任新四軍長的葉挺聞訊，致電贊稱「萬家嶺大捷，挽洪都於垂危，作江漢之保障，並與平型關、台兒莊鼎足而三，盛名當垂不朽」。全國各地各黨派各界祝捷電文，紛至沓來。

萬家嶺作戰的慘烈，在戰場上留下深深的痕跡。據時任第一兵團第三十二軍一四一師師長唐永良的記載：「我在戰後一年所

33　《陳誠致蔣介石密電》（1938年10月10日），《抗日戰爭正面戰場》，上冊，第760頁。

·萬家嶺陣地成為日軍的墳墓（《中國抗日戰爭圖鑑》）

見的情況是：萬家嶺戰場周圍約十平方公里，都是矮山叢林，只有幾個小村。在這十平方公里的土地上，佈滿了日軍和我軍的墓葬。日軍的輜重兵挽馬馱馬屍骨、鋼盔、馬鞍、彈藥箱、毒氣筒、防毒面具等等雜物，俯拾可得……萬家嶺西北一村，叫雷鳴鼓劉村，周圍日軍墳墓最多。村東稻田中，日軍輜重兵馬骨不下五六百具，鐵刺馱鞍亦多。一九三九年十二月，日軍第一〇六師團（後又組建）將要回國的三百多人，在該村停頓三天，向陣亡日軍祭弔。這三天，砍樹、砌台、立碑，三百人足足忙了三天……張古山僅是三十多公尺高的小山，山上灌木叢生，山頂上軍用物品、日製彈藥箱、防毒面具、毒氣筒、刺刀、皮帶極多。山坡上有日軍屍骨，也有中國士兵屍骨。張古山是一個制高點，

雙方在此爭奪肉搏，從屍骨可見當時戰鬥激烈程度。」[34]

其後，薛岳兵團繼續在贛北阻擊日軍。十月二十八日，日軍攻占德安。三十日，蔣介石抵南昌，批准撤守修水河南岸的作戰計劃後，以吳奇偉第九集團軍沿修水河佈防。十一月一日，日軍攻占修水，敵我在修水河形成對峙。贛北作戰至此結束。與此同時，國民黨當局放棄武漢，戰時首都遷至重慶，全國抗戰從一九三九年起進入第二時期，亦即戰略相持階段。

歷時數月的贛北作戰是一次取得重大戰果的抗戰。在作戰中，中國軍隊以英勇頑強的戰鬥，極大地挫傷了日軍的囂張氣焰，打破了日軍直趨南昌、長沙包抄武漢的企圖，為武漢的撤退贏得了寶貴的時間。中國軍隊的決死抗日精神，得到了國內外輿論的讚揚。

江西省對贛北作戰給予了積極的配合和支援。戰前，江西完成了境內全部國防工事的修築，除在五十餘縣構築陸上工事外，一九三七年秋冬起，先後搶築了馬當阻塞工程和鄱陽湖沿岸以及贛江、撫河阻塞工程。僅馬當一處，「在徵集材料時，即經動員四十餘縣之人力以從事」[35]，並有四十九萬民工日夜不停地在陣地上勞作，其工程之巨可以概見。作戰期間，據戰地記者目擊，「本省的保安團隊參加抗戰，英勇壯烈的功績，並不亞於一般的

34　張洪濤、張朴寬：《燃燒的太陽——國民黨正面戰場抗戰紀實》，團結出版社 1994 年版，第 719 頁。

35　胡家鳳：《十年贛政之回顧與展望》，《贛政十年》（1）第 21 頁。

・馬當江防（《中國歷史圖說》）

正規軍。最近九江抗戰，保安團×團士兵孤軍奮戰，犧牲精神之
壯烈，至可感嘆。直至現在，江西仍不斷的補充作戰部隊」[36]。
這裡所說的是江西保安團廬山孤軍奮戰之事：參加九江江防的江
西省保安第三團（團長鄧子超，湖南人，黃埔軍校畢業）、第十
一團（團長胡家位，日本士官學校畢業），在九江不守後分路退
守廬山。約八月中旬，組建「廬山孤軍作戰指揮部」，總指揮為
楊遇春，指揮部設在廬山河東路朱培德的私宅。「廬山孤軍」在
廬山上下周圍三百里的崇山峻嶺之中，與日軍周旋了八個月二十
三天。在瀕臨彈盡糧絕境地後，於一九三九年三月十六日子夜，

奉命撤退下山，轉抵修水整補。[37]廬山孤軍九個月的抗日作戰，當時曾享譽全國。

贛北作戰中，軍隊與江西當局在軍風紀和民眾動員方面也還存在嚴重問題。就地方而言，在戰事初起時，贛北民眾大量逃亡，甚至遠離戰場的省會南昌，八月間民眾「竟已逃亡了三分之二以上，整個的市面，形成了極其冷落的景象」，致使軍事上「受到嚴重的影響，給養運輸、傷兵救護都成了問題，作戰部隊常有吃不到飯，喝不到水的事……駐在星子的某某軍，挨過四天餓，吳總部也曾斷炊兩整天」[38]。這既有民眾初次面對日本侵略軍時的慌亂，更是江西地方當局執行片面抗戰路線，未能放手全面動員人民的直接後果。到九月初，這種情況得到改變，江西戰地青年服務團一大隊趕赴德安前線，並被分派到各區鄉充實行政機構，「協助區鄉動員民眾」，省政府組織的鐵肩隊一千多人和兩個保安團新兵訓練團，也相繼來到前線，加上部隊風紀的良好，過去「壞的影響」被轉變過來，部隊徵用民夫「都能普遍的徵到」，記者感到與上月不同，地方上已經武裝了起來。[39]

37　參見吳文清、張廷：《兩枚舊章見證屈辱與勇敢》，《中國教育報》2000 年 8 月 15 日。該文引用了當時「廬山孤軍」第 11 團 2 大隊 5 中隊政治指導員葉在增的回憶；作者並保存有「廬山孤軍作戰指揮部」木刻印章和編號為 1676 的紫銅鎏金「廬山孤軍抗日紀念章」兩件文物。

38　高天：《抗戰中的江西》，1938 年 8 月 22 日，抄件存江西省檔案館。

39　高天：《武裝了的德安——南潯線上第一信》，1938 年 9 月 7 日，抄件存江西省檔案館。

第二節 ▶ 戰時體制的形成與運作

一　南昌會戰與省會的遷移

1. 南昌會戰

　　南昌是江西省的省會和中國東南地區的戰略重地。滬寧杭失陷後，南昌成為東南地區對日軍作戰的前沿城市，被人們視為「支撐江南抗戰的堡壘」，「脫卸了繁榮的外衣，而披上了戰時的戎裝」[40]。抗戰前夕，溝通東南的大動脈——浙贛鐵路已經建成通車，連接南昌與贛北的贛江公路大橋「中正橋」也告建成，南昌市人口增加到三十萬人，一九三二年因「經費支絀」而裁撤的南昌市政府已恢復成立，城防工事經過加緊修築已經完成。這些，既使南昌在抗戰中的國防地位更加凸顯，也為南昌的抗戰作了前期的準備。

　　早在武漢會戰時，日軍即曾企圖進占南昌，終因其主力第一○六師團在贛北萬家嶺受到毀滅性打擊而作罷。一九三九年二月六日，日軍華中派遣軍重新部署，下達《對南昌的作戰要領》。日軍攻占南昌的目的，在於割斷我方的浙贛鐵路和安徽浙江方面的主要聯絡線[41]，掩護其長江中下游交通，鞏固對武漢地區的占

40　《烽火中的南昌——支撐江南抗戰的堡壘》，1939 年 1 月 6 日，抄件存江西省檔案館。

41　《日軍對南昌的作戰要領》（1939 年 2 月 6 日），武月星、楊若荷：《中國現代史資料選輯》第 5 冊（1937-1945），下，中國人民大學出版社 1989 年版，第 5 頁。

領。其後，日軍第十一軍在司令官岡村寧次指揮下，按照「從現在的對峙狀態下，以急襲突破敵陣地，一舉沿南潯一線地區攻占南昌，分割和粉碎浙贛線沿線之敵」的計劃，以兩個師團牽制鄂南、湘北的中國軍隊，集結第一〇一師團和得到補充重新組建的一〇六師團，及第十一軍直轄砲兵、坦克部隊於德安以南地區，作為沿南潯線進攻南昌的主力；以第六師團從修水兩岸向武寧攻擊，阻止中國軍隊增援南昌；第一〇一師團的村井支隊從星子經鄱陽湖南下，進攻吳城，打通贛江修水水道，並切斷浙贛鐵路。華中派遣軍同時派出航空兵主力和海軍艦艇，配合作戰。岡村以贛北作戰中的敗軍第一〇一師團及第一〇六師團為主攻部隊，曾在日軍中引起軒然大波。第一〇六師團剛剛在萬家嶺遭到岡村所說的「全軍覆滅的嚴重打擊」，是全日軍中最弱的一個師團；而第一〇一師團從淞滬打到贛北，折耗甚慘，在萬家嶺也丟了兩個聯隊。這兩個師團因萬家嶺戰敗而成為日軍中公認的最差的部隊。因此，岡村的用兵，連東京大本營都表示強烈反對，但岡村堅持不變，後來據其在回憶錄中所說，他的意圖是要讓這兩個師團在南昌作戰中「挽回名譽」，他同時「命令全軍應採取一切手段予以協助，務必使其成功」。

二月下旬，中國統帥部已判明日軍有攻占南昌的企圖。為此，蔣介石曾電令第九戰區代司令長官薛岳，要求九戰區為確保南昌及其後方聯絡線，先發制敵，轉取攻勢，以摧破敵之企圖。但這一意圖因部隊準備不及，未能實現。當時，參加南昌會戰的第九戰區部隊，有十個軍三十三個師共二十萬人，其部署為：第十九集團軍羅卓英部防守南昌地區，該集團軍以第七十、四十

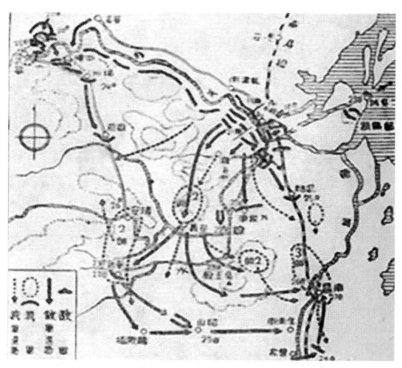

・南昌會戰示意圖（江西省檔案館）

九、七十九、三十二軍及第二十九軍預備第五師，在箬溪以東修水南岸到鄱陽湖西岸，正面並列防禦；第三十集團軍王陵基部第七十二、七十三、七十八軍防守武寧地區，牽制正面日軍南渡修水河；湘鄂贛邊區挺進軍樊崧甫部第八軍在武寧以北橫路附近防守。此外，九戰區令第三十一集團軍湯恩伯部守備鄂南、湘北，第一集團軍盧漢部及第七十四軍控制於長沙、瀏陽、醴陵地區，

作為機動部隊。[42]

三月十七日，日軍發起前期作戰。二十日下午四時三十分，實施全線總攻。敵一〇一、一〇六師團在二百餘門重炮、三個戰車隊、四個飛行戰隊狂轟濫炸配合下，強渡修水河，遭到中國守軍第四十九、七十九軍的猛烈抗擊，日軍「在十九時二十至三十分的十分鐘裡，以全部砲兵進行化學急襲，共發射毒劑砲彈三千餘發。隨後，由野戰瓦斯隊在十二公里的進攻正面同時施放中型毒劑筒一萬五千個，毒煙越過約三百米寬的修水河，將對岸國民黨軍隊第一線陣地兩公里的縱深完全覆蓋了」[43]。中國守軍傷亡慘重。二十二日，日軍戴著防毒面具，從蚌津方面渡過修水河，在坦克掩護下，第一〇六師團向安義方向攻擊，占領安義，次日占領奉新、高安，並由奉新、高

· 南昌會戰中日軍施放毒氣彈（《中國共產黨江西歷史圖志》）

42　軍事科學院軍史部：《中國抗日戰爭史》，中卷，解放軍出版社 1994年版，第 488 頁。

43　步平、高曉燕：《陽光下的罪惡——侵華日軍毒氣戰實錄》，黑龍江人民出版社 1999 年版，第 149 頁。

安逼進南昌；一〇一師團一部沿南潯鐵路西側進攻南昌；一〇一師團與一〇六師團各一部於二十三日攻占吳城，隨後進至南昌西南曾家、生米街地區，切斷浙贛鐵路。隨後，各部日軍對南昌實施猛攻，中國軍隊頑強抵抗，並將昌北通連南昌的贛江中正大橋炸燬，阻止敵軍。二十七日，遭受嚴重傷亡的中國守軍退向進賢，南昌被日軍占領。配合南昌作戰的日軍第六師團，也在飛機、重炮和毒劑彈猛烈轟擊下，向我第七十三、八軍陣地猛攻，二十日在箬溪以東渡過修河，向西突進，二十七日占領靖安，二十八日占領武寧。

南昌的迅速陷落使中國統帥部感到震驚。四月十七日，蔣介石製定南昌失守後的攻略計劃，令第九、第三戰區協同，組織對占領南昌日軍的反擊戰。二十一日，第三、第九兩戰區集中二十個師在第十九集團軍總司令羅卓英統一指揮下，分三路開始對南昌日軍進行反擊作戰。第九戰區第十九集團軍由高安一線向南昌進攻，先後攻占高安、大城、生米街，進抵昌北牛行；第一集團軍向奉新一線反攻；第三戰區第三十二集團軍由蓮塘一線反擊，迫近南昌城，「敵傷亡甚大，恐慌異常，殆有不保形勢」[44]。二十七日，日軍出動大批飛機，向中國各反擊部隊大量施放毒氣、投擲毒彈，並增調海軍陸戰隊反攻，中國軍隊傷亡嚴重，反擊作戰受到抑制。五月一日，蔣介石向參戰部隊長官下達死命令：

44　《攻略南昌經過概述》，存中國第二歷史檔案館。轉引自張憲文主編《中華民國史綱》，河南人民出版社 1985 年版，第 549 頁。

「限微日（即五日——作者注）以前攻克南昌，如不能達到任務，旅長以上連帶負責。」[45]同時，下令將「決心不堅，畏縮不前，坐失戰機」的第七十九師師長段朗如「軍前正法，以昭炯戒」。二日，各部遵令向南昌發動猛攻，在城東南、南郊和城北牛行與敵激烈衝殺，中國空軍也投入了作戰，五日，攻克南昌東側的飛機場（今江西師範大學青山湖校區內）及南昌火車站。南昌地區的日軍第一〇一、一〇六師團與增援的第一一六師團，在空軍轟炸和狂施毒劑的配合下，也不斷反擊。六日，第三十二集團軍第二十九軍軍長陳安寶親上前線指揮作戰，在蓮塘中彈犧牲。中國軍隊在嚴重傷亡面

· 1939 年五月，日軍攻占南昌城（《中國抗日戰爭圖鑑》）

---

45 《第三戰區二十八年 5 月份戰鬥要報》，存中國第二歷史檔案館，轉引自《中華民國史綱》第 549 頁。

前，攻勢再次受挫。九日，蔣介石以南昌作戰艱難，電令停止進攻。至此，南昌被日軍完全占領。

　　中國軍隊的南昌會戰，打得英勇頑強，可歌可泣。最終所以失敗，既有後來總結時所指出的攻擊部隊缺乏一鼓作氣之精神，南昌附近河流縱橫的地形限制，以及「攻擊部隊多是前次南昌戰役後尚未充分整補，戰鬥力尚未恢復」等原因，更是因為日軍裝備優良、調動靈活、炮火猛烈，特別是公然違反國際法連續地、大量地使用毒氣武器。**46**

　　南昌會戰後，江西境內形成兩個戰區分駐南北作戰的格局，即以撫河、鄱陽湖一線，作為第九戰區與第三戰區的分界線，贛北由第九戰區駐防，贛東由第三戰區駐防。

2. 省會的遷移

　　鑒於日軍攻占南昌的企圖，在一九三八年七月贛北抗戰之時，江西當局即已開始組織南昌的撤退。當時，戰地記者在南昌所見，街上商店十之八九已關了門，許多房子的大門，被磚頭砌得密不通風，差不多是「十室九封」**47**。萬家嶺大捷後，阻止了日軍對南昌的進攻，南昌形勢有所穩定。

　　一九三九年初日軍發動南昌作戰後，省會的搬遷已勢所難免。一方面，南昌是日軍作戰的重要目標，在日機的狂轟濫炸下，這時已是傷痕纍纍。據不完全統計，從一九三七年八月十五

46　《第九戰區關於南昌攻堅戰的總結報告》，1939 年 5 月 26 日。
47　陸治：《怒吼吧，南昌》，1938 年 8 月 27 日，抄件存江西省檔案館。

日日機第一次空襲到南昌淪陷，日本侵略軍對南昌進行的幾十架機群的大轟炸即達四十九次，規模小一點的轟炸不計其數，先後炸死一千二百多人，炸燬房屋三萬五千多棟。另一方面，由於執行堅壁清野政策，到戰爭開始時，南昌差不多已經成為一座空城。據記者一九三九年一月所見，南昌已披上戰時戎裝，「那巍峨的建築物，猶如壘壘的碉堡，只有一些日用品商店和香菸零食擔在照常營業。酒館、戲院、妓寮也有多數關了門，……三十萬人口的大都市，現在已減少不到七萬人口了，各機關團體也遷移了一部分到後方去辦公，重要的物資運走了」[48]。南昌與城外的水陸交通，也被完全截斷。因此，熊式輝這時將南昌視為將是敵人手裡的一個死城。三月二十四日晨，他在重慶呆了兩個月後趕抵南昌後，即與羅卓英商定將留守的機構、人員撤至吉安[49]。省會至此完成遷移。

南昌的失守，對全省人心多少有所影響。就在南昌失守幾天後的四月五日，熊式輝發表告全省民眾書，指出抗戰的勝利不在於死守一城、硬爭一地，南昌在我們手裡是一個省會，在敵人手裡則已變成一個空城、死城，失去了其政治地位；同時認為，「神聖偉大的戰爭，在江西戰場上，更加白熱化了」，要求全省每一個人，都以最英勇的姿態，出現於抗戰行列中，「掃除逃避

48　《烽火中的南昌——支撐江南戰局的堡壘》，1939 年 1 月 6 日。

49　《熊式輝日記》，1939 年 3 月 24 日。原件存美國哥倫比亞大學圖書館。

忍耐等卑怯的心理，迅速動員起來，現出鐵骨鱗鱗的廬山真面目，積極奮勇，協力存〔同〕心，拼著我們的血肉與倭寇周旋，要協同軍隊，把進入江西的敵人，叫他活的進來，死的出去」[50]。這篇告民眾書，對於穩定南昌淪陷後的江西民心，有所作用。

撤出南昌後，省政府及大部分黨政機關、民眾團體、文化機構，遷到贛西重鎮吉安，一部分機構和工商企業，搬至贛州。吉安人口，一下從原來的三千人增加到十萬人，以致「一切公共的機關都住滿了人，私人的房舍也沒有辦法再出租了」。特別是，聞名全國的「七君子」之一、江西安福人王造時，在吉安創辦發行《前方日報》，宣傳抗戰和民主，影響極大。《江西民國日報》等眾多報刊，也相繼在吉安復刊。因此，吉安一時「形成為江西全省政治、經濟、軍事、文化的中心」，成為「江西的准省會」。[51]

鑑於吉安也是日軍的重要轟炸目標，省政府一開始確定的戰時省會就是泰和。因此，在吉安停留幾個月後，省黨政機關即轉到泰和。一直到一九四五年初再遷寧都，省政府在泰和駐留了四年多。泰和是抗日戰爭時期全省政治、經濟和文化的中心，發揮了戰時臨時省會的作用。

50　《南昌撤退以後熊主委發表告民眾書》，《江西民國日報》1939 年 4 月 5 日。

51　《江西的准省會——吉安》，1939 年 1 月 21 日。抄件存江西省檔案館。

二 戰時行政制度的變化

贛北作戰特別是南昌淪陷後，江西的政治格局和環境發生了重大的變化。在全國抗戰進入戰略相持階段的大背景下，江西戰時施政也進入一個比較困難的時期。江西省政府當時從四個方面對困難環境進行分析，指出：「軍事上，破壞損害之程度愈大，而增設補充之需要愈迫。政治上，縣城淪陷，而縣府組織更應充實；地區縮小，而難民救濟益形繁重。經濟上，賦稅收入銳減，而各項支出反增；交通建設頻繁，而同時戰區必須徹底破壞；運輸阻滯，而農工產品亟待儘力推銷。文化上，青年失學切盼救濟，而學校遷移再四，難以維持；社會急需精神食糧，而書報流通，形成斷絕。」[52]為適應環境的變化和應對新出現的矛盾，江西戰時行政從制度到運行，都有一個較大的改變。

1. 戰時施政綱要的頒佈與臨時參議會的成立

一九三八年三月，江西省政府為便於戰時施政，設立江西省參議會。參議會以王平秋為議長，王又庸、羅隆基、王造時等為參議員，著手研究省政「革新」計劃。十月，按照國民政府決定在全國各省統一設立臨時參議會的決定和行政院頒發的省臨時參議會組織條例，江西省遴選一批參議員候選人名單，呈報行政院選批。一九三九年四月五日，國民政府公佈，選定江西省臨時參議會，議長彭程萬，副議長王有蘭，參議員劉伯倫、王枕心、伍毓瑞、蕭贛、辛安世、劉家樹、歐陽武、王尹西、劉震宇、劉紀

---

52 《江西省政府二十八年度行政計劃》，導言。

云、薛秋泉、吳益祥、李中安、吳繼曾、許森、汪長桂、任壽祺、徐秉初、詹絜吾、傅慶炎、何人豪、楊慶珊、謝遠涵、劉李柏、張明善、許調履、張燊云、徐蘇中、胡蘭、王明選、劉耀翔、譚之瀾、熊大蕙、賀治寰、戴源清、張裴然、熊在堮、余守真等三十八人，候補參議員段柏荽等二十人。這些人，大體上包括了江西省各界有影響的一些人物。[53]五月一日，臨時參議會在吉安成立，六月五日召開第一屆第一次常會，開始工作。此後終抗戰時期，臨參會的工作運轉可稱正常，在監督省政、提供建議和轉達民情等方面，發揮了較積極的作用。

在江西省臨時參議會第一屆第一次常會上，最重要的議程是通過了《江西省戰時施政綱要》。這個《綱要》，原是一九三八年三月省政府為「適應戰時需要」而制訂，它與同月在武漢國民黨臨時全國代表大會制定的《抗戰建國綱領》，在精神和內容上是相一致的。因此，比較典型地反映了省主席熊式輝的政治敏感性及與中央的密切聯繫。《綱要》共八十二條（初訂時為76條），涉及政治、軍事、經濟和文化各個方面，規定了全省抗戰時期的施政方針和主要內容，其基本要求為：「在軍事上務求增加抗戰力量，鞏固地方治安；在經濟上力謀均平人民負擔，改善人民生計；在文化方面，則普及大眾教育，以提高民族的警覺

53　《內政部江西省視察報告》，1941 年。原件存中國第二歷史檔案館。不久，王枕心、劉家樹當選為國民參政員，楊慶珊調任資溪縣長，徐蘇中附敵成為漢奸受到通緝，遂從候補參議員中遞補段柏荽、鄒鵠、曾文華、胡鐘英4 人為參議員。

性，並增進健康，以加強民族的活動力。為求上舉各事項之實施，則革新地方行政與建立自治基礎，又為最小限度的要求。」[54] 因此，該「綱要」內容也被歸納為八大綱領：加強抗戰力量，維持地方治安，均平人民負擔，改善人民生計，普及大眾教育，增進人民健康，革新地方政治，建立自治基礎。這個《綱要》的制定，客觀上適應了戰時環境的變化和抗戰的要求。但也由於戰時環境和施政重點的變化不定，因此它也僅是一個指導性的要求，省政府戰時的具體行政，主要體現在各年度的施政方針和行政計劃中。例如，根據形勢的變化，省政府一九四三年即將剷除惡習以革新政治風氣，穩定物價、掌握物資、取締囤積以安定民生，擴充兵源、加強建軍以策應軍事反攻為「三大施政方針」[55]。

為了順利推行戰時施政，「造就政治幹部人才」[56]，切實解決「縣長及縣行政人員人才均感缺乏」的問題，省政府致力於建立現代幹部甄選和管理制度，在人才培養和人事管理上，都有新的措施。在人才培養上，當時最有影響也是最重要的措施，是在南昌梅嶺開辦「江西地方政治講習院」。講習院先是取名為江西地方政治學校，一九三八年三月改現名[57]，五月一日正式舉辦第一期訓練。一九四〇年八月一日，為配合新縣制的推行，改稱

54　江西省政府：《江西省政府戰時施政綱要》，1938 年 3 月。

55　《今年本省施政大計》，《江西民國日報》1943 年 1 月 6 日。

56　《省地方政治學校改為政治講習院》，《江西民國日報》1938 年 3 月 18 日。

57　《內政部江西省視察報告》，1941 年。

「江西地方行政幹部訓練團」，由熊式輝兼任院長（團長），聘請專家擔任教授。在一九三八至一九四一年間，該院（團）先後舉行了十六期訓練，其中最多者為縣政人員訓練，內分十八個業務組。另有區政人員訓練班、鄉政人員訓練班及兵役人員、婦女幹部、會計人員、國民教育人員、建設技術人員、衛生技術人員等訓練班，共訓練學員九千一百五十二人。[58] 一九四一年後，各種訓練繼續進行，並曾增設黨務訓練班，將訓練擴大到黨務人員。花大力氣進行從鄉鎮到縣政幹部人員的培訓，有助於提高從政人員的現代政治知識和行政素養，解決知識分子紛紛流出鄉村後縣以下基層社會政治人力資源不足、土劣容易控制政權和民意機關等問題，是在當時條件下推進現代行政建設較為現實的好辦法。江西的做法，當時得到了國民黨中央的肯定。

在人事管理上，則建立了由甄拔、保障、考核、獎懲四環節構成的管理制度：甄拔，是按照《江西省縣行政人員甄審規程》，從對現有幹部的訓練和向社會的招考中，甄別選錄合格人才。保障，主要是對已任用人員實行相應權利、義務和工作條件的法令性規定，如明確管理權限，要求就任職務與所學（訓）科目相符、保持職務的穩定性等。考核分年度與平時兩種，年度考核，縣長按中央制定的工作成績百分比率標準，經省府並送內政部辦理，縣行政人員與全省公務員由贛浙閩銓敘處辦理；平時考

58　《江西省政府三十七年下半年度工作計劃》，江西省政府設計考核委員會編印，原件存江西省檔案館。

核，依據縣政人員考核表（分學識、操行、工作三項打分，並列考語），由專署專員每半年對轄縣縣長及縣佐治人員考核一次，縣長每半年對縣佐治人員及區鄉鎮人員考核一次，均列表送省府備案。獎懲，即依據考核情況，分別對有關人員實行相應的獎勵和懲處。一九四三年，還專門成立了由省主席兼任主委的江西省設計考核委員會，辦理行政設計、工作考核及工作競賽等事項。[59]這個委員會，一直存在到一九四八年。此外，尚有各主管機關主管長官及視察員的隨時巡視考察，視察結果，也是實行獎懲的重要依據。[60]當然，制度與實際並不總是一致的。事實上，吏治腐敗也是抗戰特別是抗戰後期的突出問題。例如于都，「就充滿著貪污的氣氛……土豪劣紳與地方官勾結，對一切事務均公開貪污，沒有誰敢向省府或專署告發……地方上所謂『紳士』，實是一種間接參政的官吏」[61]。這種情況，自然不僅于都一地才有。

江西抗戰前期四年多的施政，系由省政府主席熊式輝主持進行。一九四二年二月二十四日，行政院第五五二次會議決定，熊式輝免職另用，由軍政部政務次長曹浩森接任江西省政府主席（兼省保安司令）。國民黨中央黨部亦免去熊式輝的江西省執行委員會主任委員職務，任命梁棟接任。至此，由熊式輝一身兼任

59　《江西省政府三十七年下半年度工作計劃》，江西省政府設計考核委員會編印，原件存江西省檔案館。

60　《內政部江西省視察報告》，1941 年。

61　曾自波：《雩都近貌》，《江西民國日報》1945 年 12 月 17 日。

黨政兩職的格局，改為黨政分任。

　　熊式輝從一九三一年底出任江西省主席，後又兼任省保安司令、省黨部主任委員，到一九四二年初離職，是民國時期主持江西省政時間最長的人。在其十年任期中，他既曾動員全省力量投入反共「圍剿」戰爭，推行「三保」政策困扼革命根據地，極力阻止革命力量在江西的發展和存在；也曾積極地想辦法、下力氣致力於江西的政治、經濟和文化教育建設和民族抗戰事業，在民國社會大轉型的背景下，推動江西建立起現代政治、現代社會的初步框架，不少行政措置走在全國的前列，取得不俗的成績。在他離任時，江西省政府專門編著了一本數十萬言的《贛政十年》，分四十三個專題記述十年間江西的政事，歌頌他的政績。熊式輝是一個在江西民國史上建樹較大而留有深刻影響的人物。

　　繼任者曹浩森（1884-1952 年），字明巍，號浩笙。江西都昌人。一九一一年畢業於日本振武學校，返江西后在李烈鈞都督府任職，參加「二次革命」。革命失敗後流亡日本、南洋。後到雲南、廣東參加護國戰爭、護法戰爭。復留學日本陸軍大學。回國後入馮玉祥部，任國民軍聯軍副總參謀長、第二集團軍總參謀長。後脫離馮玉祥投向蔣介石，歷任軍政部次長兼陸軍署署長、南昌行營黨政委員兼政務設計委員會主任等，參與組織對江西、湖北紅軍的「圍剿」軍事。返贛擔任省主席時，他對治理贛政顯然思想準備不足，面對的前任又是一個在贛經營十年、已在各方面建立強大影響且政績確實突出的強人，因此他對熊式輝的治政極為讚揚，認為「贛省在熊主席主持之下已達十年，政績斐然，為各省之冠」，熊式輝「具卓越之政治天才及偉大之創造精神」，

他接替其任，殊感能薄。在上任之初回答記者關於其治贛方針及觀感時，他未能提出自己的一套獨立政見和打算，而是表示：「今後一切當本既定方針，繼續努力，無論制度、人事，當一仍舊貫。」同時，他也希望各方多予指導，以收集思廣益之效。唯一反映他自己的見解的，只是認為「贛省社會風氣，稍嫌奢侈，較之陪都儉樸氣象，殊有遜色。此種缺點，有糾正之必要」[62]。在其後幾年的施政中，他確實是「蕭規曹隨」，對熊式輝時代的制度和人事，基本上是「一仍舊貫」。個人生活亦極簡樸，抗戰勝利時設宴與省府幕僚同歡，被稱為「曹主席破例吃喝第一局」[63]。

・江西省政府主席曹浩森

2. 三種行政區域的劃分

因為日軍的進占和進擾，全省行政區域被不同程度地分割，這給省政府的施政帶來了相當大的困難。為適應這種狀況，省政府遂將全省劃分為游擊區、鄰戰區和安全區三類區域，依據各類

62　《省府曹主席昨接見本報記者發表談話》，《江西民國日報》1942 年 3 月 6 日。

63　邵天柱：《曹浩森》，《江西近現代人物傳稿》，第 2 輯，第 202 頁。曹 1945 年當選為國民黨第六屆中央監察委員，1946 年 3 月離江西省主席職，次年任監察院監察委員，授陸軍上將銜，後去台灣。

區域的不同情況，實行重點不同的施政。

　　游擊區：游擊區實際上就是敵占區、淪陷區。贛北淪陷後，南昌、九江、湖口、彭澤、星子、瑞昌、德安、永修、新建、安義、奉新、高安、靖安、武寧等十四縣市被日軍占領或駐擾，國民政府的市縣政權均遭破壞，轉移到山區農村。省政府將這些地區劃定為游擊區，確定其施政方針為：「注重破壞，以破壞敵偽各種設施，打擊敵人，使其加速崩潰。」[64]為便利加強對日偽的鬥爭，省政府在該地區增設行政區的機構：增設第九行政區，轄九江、星子、德安、瑞昌、永修五縣；第十行政區，轄新建、奉新、靖安、安義四縣；第十一行政區，轄南昌、進賢、豐城三縣。這三個區專員公署均與區保安司令部合併編制，各區下屬縣區鄉的政權組織，按照一九三九年十一月訂頒的《江西省游擊戰區縣份行政調整辦法》、《江西省游擊戰區縣份區鄉鎮調整辦法》，仍分級設置縣政府、區署、鄉鎮公所、保辦公處。各縣政府，依照其「行使職權範圍大小」，分甲、乙、丙三種組織，甲種為新建、高安、武寧、奉新、靖安、南昌六縣；乙種為永修、彭澤、瑞昌、湖口四縣；丙種為九江、德安、安義、星子四縣。[65]如果全保均為敵占據，則按照《江西省游擊戰區各縣民眾組訓辦法》，以核心組織或外圍組織作為替代。同時，省政府還

64　胡家鳳：《十年贛政之回顧與展望》，《贛政十年》（1）第 15 頁。
65　《江西省政府三十四年度政績比較表》，1946 年 2 月編制，原件存江西省檔案館。

派遣保安團隊建立游擊根據地，並配合活動於湘鄂贛邊境的正規游擊部隊，堅持游擊戰爭，騷擾和打擊敵偽的統治。

鄰戰區：鄰戰區即毗鄰敵占區的贛東、贛東南、贛西北的部分縣區，約二十多個縣。這些地區也就是江西抗日的前線，在江西境內與日軍對峙的中國軍隊，主要駐守在這些地區：贛東上饒地區，駐有第三戰區司令長官部及所轄部分部隊；南昌東南地區，駐有第三戰區的第三十二集團軍上官雲相部；高安以西地區，駐有第九戰區主力部隊之一的第十九集團軍羅卓英部；贛西北武寧地區，駐有第九戰區的第一集團軍商震部、第三十集團軍王陵基部等。因此，省政府規定鄰戰區的施政方針，就是「注重協助，以服行戰時各種任務，協助軍事」，支援部隊的對日作戰。此外，由於鄰戰區地域、政權均在國民黨掌握中，所以其施政方式及事務，與安全區並無多大區別。

安全區：安全區又稱為後方，是離敵占區較遠、由國民政府比較穩定控制的地區，這就是以泰和為中心的贛西南、贛南地區。省政府規定，安全區的施政方針為「注重建設，積極推進政治、經濟、文化、軍事各種建設，以適應抗戰需要」。因此，江西的戰時政治、經濟和文化活動，主要是在安全區和鄰戰區進行。

3. 新縣制的推行與基層政權

戰時行政制度的另一重大變化，是實行新縣制。

新縣制是抗戰時期國民黨在總結前十年經驗的基礎上而採行的一項重要行政制度，其基本內容是重新推行地方自治運動，增設縣行政機構和人員，調整區鄉鎮保各級基層組織，以加強縣級

行政管理，提高由縣到鄉村的行政統制效能。一九三九年九月，國民政府頒佈《縣各級組織綱要》，正式實行並要求各地在三年內完成新縣制。江西在「綱要」未頒佈前，即依照獲悉的草案，於一九三九年七月，選擇贛縣等南部十縣首先推行（此前試行改善區鄉鎮組織方案的豐城等9縣也一併實施）。十月《綱要》到省後，省政府制定實施計劃，一九四〇年初，擴大到安遠、上猶、南豐等九縣改行新制。到一九四一年六月，江西除游擊區十四縣以外的六十九縣，均按照《江西縣政府組織規程及編制預算》改組完畢，實行新縣制。[66]

新縣制的主要變化，一是對縣政府性質、事務和編制的重新明確。按照《縣各級組織綱要》的規定，「縣為自治單位」，「縣為法人」，是地方自治的最高執行機關，其事務主要是辦理十四項地方自治工作：編查戶口；規定地價；開墾荒地；實行地方造產；整理財政；健全各級行政及自治機構；訓練民眾；開闢省縣鄉交通及電話網；設立學校；推行合作；辦理警衛；推進衛生；實行救恤；厲行新生活，禁絕煙賭，改良風俗，養成良好習慣。[67]為此，縣政府得到較大的擴充，由原南昌行營「裁局改科」後設置的五科一股，增加為民政、教育、建設、軍事、地政、社

66　《內政部江西省視察報告》，1941 年。

67　忻平：《論新縣制》，《抗日戰爭研究》1991 年第 2 期。關於江西推行新縣制及其新制的運行情況，參見內政部：《各省實施新縣制推行地方自治成績總檢討》，1942 年 5 月，原件存中國第二歷史檔案館；吳雯：《民國後期江西推行新縣制的歷史考察》，江西師大碩士論文未刊稿。

會等七科三室。此外，還設立作為合議制的縣政會議，作為「全縣人民代表機關」[68]的縣參議會（江西各縣到 1944 年陸續設立縣參議會），以防止縣長專行獨斷和監督縣政施行、反映民意。一等縣縣政人員由三十一人增至七十七人，二等縣由二十七人增至六十四人，三等縣由二十六人增至五十五人，均增加一倍以上，總計全省已行新縣制的六十九縣，縣政人員增至四千人，經費增至三百五十萬元。由此，全省編制內的行政人員有一個很大的增長，到一九四四年，行政院確定的江西省編制人員為六千五百人，而江西實際在編人員已達八千四百三十三人，超過將近百分之三十，當年底江西遂有裁員百分之十八之舉。

基層行政組織的調整是實行新縣制的另一主要變化。抗戰爆發後，省政府感覺過去廢除鄉鎮的做法，不利於戰時動員，遂於一九三八年二月制定《江西省改善區鄉鎮組織方案》，對基層組織作出兩項變動：一是重新劃分鄉鎮，廢除保聯辦公處，設立鄉（鎮）公所（由原保聯辦公處改組），在鄉鎮內重編保甲；二是將區署改為督導機關（當時先在豐城等 9 縣實行），充實鄉鎮公所。全省實行新縣制後，安全區和鄰戰區的基層組織，一律先後改行新制。新制規定，區為縣府之輔助機關，只負督導各鄉鎮辦理行政及自治事務的責任；鄉鎮公所為縣以下的自治單位，「鄉

68　《縣參議會組織暫行條例》，1941 年 8 月 9 日。該條例規定縣參議會具有議決完成地方自治各事項、決審縣預決算、建議縣政興革事項、接受人民請願事項等 10 項職權。

為法人」，辦理本鄉鎮自治事項及執行縣政府委辦事項，內設民政、經濟、文化、警衛四股，並組成鄉（鎮）務會議。因此，這次變動最大的特點，是加強了鄉鎮一級政權組織的建置與權力，建立起了較之以往更為嚴密與健全的基層行政機構。到一九四一年，全省安全區及鄰戰區六十九縣共設置區署二百六十五個（每區設區長 1 人，民教、財建、軍事指導員各 1 人，書記 1 人，區丁 5 人，共 10 人），游擊區十四縣設置區署五十五個（每區設區長 1 人，指導員 2 人，書記 1 人，區丁 5 人，共 9 人）；鄉鎮（1940 年底）安全區等六十九縣為一千九百八十四個，游擊區十四縣為三百六十一個，每一鄉鎮公所設正副鄉鎮長各一人，民政（兼戶籍員）、文化、經濟、警衛幹事各一人，書記一人，所丁四人，共十一人，月支經費二百元。游擊區的鄉鎮，則僅設鄉鎮長一人，幹事一人，所丁四人，共六人，月支經費九十元。[69]

　　新縣制「納保甲於自治之中」，作為鄉鎮基層組織細胞的保甲，其地位和職能進一步得到強化。此前，江西每保僅設保長一人、書記一人（保學校長或教師兼），均無薪酬，每月由縣政府發給辦公費一元。省政府認為，這種情況與「管教養衛種種工作，以及各級政府一切法令之推行，均集中於保」的現實，形成頭重腳輕的矛盾，迫切需要充實保甲的組織。[70]因此，在實行新縣制時，省政府重新制定了《江西省保辦公處組織規程》，對保

69　《內政部江西省視察報告》，1941 年。
70　王次甫：《十年來之江西民政》，載《贛政十年》（2）第 6 頁。

甲制度進行調整。主要內容，一是規定保甲長應選擇國民黨員或「思想純正之青年」擔任，「使每一保甲長均能兼盡政治警察之任務，並能領導所屬人民，一致防制異黨之活動」[71]，實行保甲制度的「黨化」和「警察化」。二是擴大保辦公處組織，增設副保長一人，無給職幹事四人，月支經費增為七元，將保辦公處確立為一級行政機構。江西在一九三九年底，還明確了鄉鎮保甲長為公務員（但鄉鎮長鬚為政府任命者而非完全民選者）。[72]這使得當時六十九縣的一萬九千四百六十五個保辦公處，在職能和機構上，都得到了加強。三是設立保民大會和甲民大會。據內政部派員考察，江西各縣之保民大會，在一九四二年度即已達到普遍成立之標準，除九江等三縣因戰區情形特殊進行極感困難外，各保開會六次以上者已達八十縣。[73]保民大會的設立，使民國保甲制度與古代有了重要的區別。全省實行保民大會制度最好的地方是贛縣，贛縣在蔣經國督導下，保民大會成為經常性的制度，民國時期編纂的縣誌記載說：[74]

實施保民大會為訓練民眾運用四權之基本方式。本縣爰遵照省府暨專署頒發保民大會組織規程及辦法細則，並按照實際情

71　國民黨中央執行委員會：《防制異黨活動辦法》（1939年4月），中央黨校黨史教研室編《中國國民黨史文獻選編》，第285頁。

72　《鄉鎮保甲長均屬公務員》，《江西民國日報》1939年11月15日。

73　《內政部關於張維翰視察廣西等七省設立縣各級民意機關情形報告書致行政院呈》，1944年3月11日。存中國第二歷史檔案館。

74　民國《贛縣新志稿》第50頁。

形，於民國三十年七月先後普遍舉行。除城東、城南、城西、城北四鎮（即今贛州鎮之一部）由縣府指派科員以上人員分別擔任保指導員，按期出席，其餘各鄉鎮保民大會每屆舉行時，則由各該鄉鎮直接派員督導。茲將辦理情形統計如次：

年月起訖	開會次數	參加大會人數	決議各種議案（件）			
			政治	經濟	文化	其他
1941.7-12	2964	336894	1826	2652	1037	3159
1942.1-12	5784	626616	3408	5796	1836	6381
1943.1-12	5302	640739	3905	4389	2024	6829

江西迅速完成新縣制的推行，較快地建立起了戰時基層行政體制，有推進適應抗戰需要的地方工作的積極作用。同時，由於新縣制的建立，也使國民黨的統治，比較切實地從上層深入到了農村和農民當中，對於強化其對人民和農村社會的控制，起到了此前不可比擬的作用。因此，一直到一九四九年國民黨統治結束，新縣製成為國民政府的基本的行政制度，未再改變。

三　國民黨江西組織的改制及黨務活動

一九三八年三月，國民黨臨時全國代表大會在武漢召開，會議推舉蔣介石為中國國民黨總裁，實行全黨領袖制。七月，省黨部按照改進黨務的中央指令，實行改組改制。這次改組改制的中

心，是「建立各級的全黨領袖制」[75]。主要內容有：

一是改變委員制的制度，在設置執行委員會的基礎上，省黨部實行主任委員制，縣黨部實行書記長制，區黨部、區分部實行書記制。

二是改組省黨部，中央委員、省政府主席熊式輝被中央黨部任命兼任江西省執行委員會主任委員，主任委員主持全省黨務，對外代表省執行委員會；范爭波、劉家樹等十一人為執行委員，范爭波兼任書記長，執行委員分區督導全省黨務，書記長協助主任委員處理省黨部日常事務。新任省黨部主委、委員和書記長，於八月八日正式開始工作，十七日補辦宣誓就職儀式。

三是取消預備黨員制，設立三民主義青年團。三民主義青年團江西支團部籌備處，一九三九年七月二十在贛縣西津路傳習堂成立，三青團中央團部派委江西第四行政區專員蔣經國為主任。蔣經國在籌備工作時期，注重進行青年幹部訓練，一九三九年、一九四二年先後在贛州赤珠嶺、黎芫背舉辦團務工作人員訓練班兩期，培訓學員二百七十二人，派往各縣組建團組織。一九四三年十月，召開三青團江西省第一次代表大會，正式成立江西支團部。支團部設在贛州，領導機構為監事會、監察會，蔣經國當選為監事會幹事長，劉已達為監察會常務監察。一九四四年，支團部遷往泰和孔廟辦公。在此期間，支團部在全省先後建立了二十

75　《省黨部執委宣誓就職典禮中熊主任委員答詞原文》，《江西民國日報》1938 年 9 月 18 日。

五個分團，十五個直屬區隊，到一九四五年七月，全省有三青團員四萬七千三百四十三名。[76]

四是按照臨全會通過的中央「以黨統政」、省一級「黨政聯繫」、縣一級「黨政融化」的調整黨政關係原則，以及一九三九年一月五屆五中全會調整黨政關係的指示，調整和確立江西全省的黨政關係。其辦法為省級成立省黨政聯席會議，特別小組會議，縣級成立特別小組會議。即省黨部委員與省政府委員，按黨團辦法合編為一個特別小組，直隸省黨部，定期舉行省特別小組會議，省黨部與省政府定期舉行黨政聯席會議。縣黨部與縣政府照樣辦理，成立並定期舉行縣特別小組會議。據省黨部的報告，到一九四五年五月，「省特別小組會議，迄今已舉行十三次，舉凡黨政工作之配合，縣黨部經濟基礎之建立以及各項有關實際問題，莫不詳加商討，互換意見，決定後即由出席人員分別就其權責範圍，協同一致，竭力推進。縣級小組會議，自卅年奉令辦理以來，各縣業經成立，多能按期召開。其吸收政府人員參加會議，策動優秀黨員參加公職候選，以利達成融黨於政之目的，各項工作，均能切實奉行。其中偶有人事方面，不能協調者，則由省級黨政雙方設法糾正」[77]。但實際上，黨政之間尤其是縣一級，不少地方矛盾相當尖銳，黨政融合的形態並未真正形成。

---

76 民國《贛縣新志稿》，第44頁。
77 《中國國民黨江西省執行委員會工作報告——二十七年4月—卅四年4月》，原件存台北國民黨黨史館。

　　經過這次改制，省黨部的組織體制和工作制度，比較穩定地確定下來。省縣黨部權力，分別向主任委員和書記長集中，國民黨組織控制力，較之以往有很大的強化。

　　抗戰期間的黨務活動，在組織訓練方面，側重於建立健全黨的橫向組織與縱向系統，「發揮以黨透政、以黨透民之精神」，增進黨政聯繫，通過加強組織和活動來掌握民眾團體，特別強調在農民、婦女和技術人員中發展黨員。在宣傳方面，以「發揚黨義，改造社會風氣，打擊敵偽奸偽宣傳，建立三民主義的思想體系」為重心，建立有抗敵宣傳委員會和鄉村抗敵宣傳隊；在一九四一年至一九四五年五月間，曾組織文化和藝術活動六千多次，審查、出版書刊二萬七千六百多冊，全省設有出版機構二百六十九個，新聞機構六十個，省黨部直轄通訊社、報社十一個。在社會活動方面，普遍設立社會服務處，展開黨員服務、國民精神動員、青年從軍、獻金獻糧、慰勞傷兵等活動。在抗敵方面，有防諜鋤偽、收集情報和建立內線等活動，抗戰後期曾在偽江西省黨部和政府內建立高級內線十九人、低級內線二十一人，策動南昌等處小股偽軍、偽警反正，在九江地區先後兩次援救盟軍美國飛行員脫險。在建立經濟基礎、「以黨養黨」方面，以勸募基金為主要形式，在各縣建立了數量不等的黨產，有現金、儲券、田租、田產、地基、山地、林場、魚池、房屋等。在指導和控制民眾運動方面，繼頒佈《抗日救亡團體總登記辦法》等條令規定，通過重新登記等辦法，取締所謂「無中心思想，不受黨政當局指

使者」[78]，一九四○年重加整理，准許設立人民團體七十三個。一九四二年為加強民運，省、縣均分設省民眾運動委員會，形成黨部直接領導民運的體制，完全將救亡團體和民眾運動納入國民黨的軌道。此外，防制和反對共產黨活動甚力。

在與上屆省代會相隔十一年後，一九四四年五月二十三日至三十日，國民黨江西省第六次代表大會在瑞金召開。出席大會代表一百五十四人，代表全省約十一萬名黨員。國民黨中央黨部派中央委員方覺慧為監選員出席會議。會議總結了「五大」以來十一年的全省黨務工作，認為「歷年來特別重要或為其他各省向未舉辦的事項」，主要有八項：增加黨員人數，健全基層組織與區鄉鎮自治機構的配合，建立黨團及推行各項捐獻慰勞工作，建立各縣黨部經濟基礎，設置中山堂和民運機構，發展社會服務，恢復黨的選舉制度，改進省黨部機關管理。[79]會議以「唯一目的在求建設三民主義新中國」[80]，促進地方建設為各級黨部主要任務，審查討論了一百六十七件提案，涉及黨務、政治、軍隊、經濟和教育各個方面。原主任委員梁棟自動退出新一屆執委候選人，大會選舉劉已達、周步光、馮琦、曹浩森、胡運鴻、陳協中、王次甫、陳際唐、蘇村圃、熊在渭、幸華鐵等十一人為執行

78　《抗日救亡團體總登記辦法》，《江西民國日報》1938 年 10 月 14 日。

79　《全省代表大會梁主委開幕詞》，《江西民國日報》1944 年 5 月 24 日，5 月 25 日。

80　《精誠團結——梁主委在全代會閉幕詞》，《江西民國日報》1944 年 5 月 30 日。

委員，王枕心等五人為候補執行委員，匡正宇、文群、柳藩國，胡德馨、丁砥南等五人為監察委員，莊祖方等三人為候補監察委員。同年八月，國民黨中央派陳肇英為江西省執行委員會主任委員，胡利峰為書記長，監察委員互推匡正宇為常務監察委員，這一屆執監委員會於九月宣誓就職。

四　保安團的擴大與役政管理

1. 保安團的擴大

擴大保安團是戰時江西地方軍事建設的基本內容。

戰前，江西曾經建立有龐大的保安團組織。一九三七年六月，根據行政院關於團隊分期改警的訓令，江西將十二個保安團改為縣保安警察總隊後，省保安處轄下，僅餘六個保安團。抗戰爆發後，兵員需求急迫，軍政部緊急發出「人民動員辦法」，要求各地擴編保安團。江西立即採取多種辦法擴編團隊，將已改編為保安警察的隊伍，復編成十個保安團；下令全省每保徵集壯丁一人，編成四個保安團；又從各縣壯丁常備大隊抽調一部分壯丁，同時收編一部分志願抗敵的民間武裝，編成八個保安團。因此，到一九三八年上半年，全省已經擁有保安團二十八個團，及工兵大隊、通訊大隊、高射炮中隊、特務中隊、監護中隊各一個，成為一支數量頗為可觀的地方武裝和後備兵役部隊。[81]

在一九四〇年五月之前，江西保安部隊主要承擔補充正規軍

81　廖士翹：《十年來之江西保安》，《贛政十年》（6）第2頁。

和支援正面戰場作戰兩大任務。在補充正規軍方面，從一九三七年八一三淞滬抗戰開始，江西兵源不斷調補到戰場。到一九三八年六月，即劃撥了八個保安團補充到正規部隊。一九三九年一月，因國家需要兵員急迫，江西再調撥八個保安團，改編為陸軍第五、第六預備師，由曾戛初、郭禮伯分任師長，編入第三戰區作戰部隊（預五師隨後在反擊南昌的作戰中表現英勇，也傷亡嚴重）。一九四〇年五月，將保安第十二團撥歸第二十三集團軍改編。幾年間，江西僅保安團即有十七個團補充到正規軍，進入抗日前線作戰。到這時，連同一九三八年八月整編贛南民間武裝成立的四個保安團，全省保安團尚有十五個。在支援正面戰場作戰方面，如前所述，在贛北會戰、南昌會戰中，江西保安團均有英勇的、上乘的表現，留下了如廬山孤軍長期抗戰等可歌可泣的動人事蹟。

　　由實行兵役制度解決兵員補充後到抗戰勝利，江西保安團一直保持十五個團的規模。其承擔的任務，主要為支援正面戰場作戰、開展敵後游擊戰爭和維持後方治安。在一九四一年三月開始的上高會戰中，省政府按第九戰區司令長官薛岳的要求，調集保安第一、三、七、九團組成江西保安縱隊，開赴上高參加對日作戰，彌補了主力部隊防守兵力的不足。同年九月在阻擊突進錦河日軍的作戰中，該保安縱隊英勇防堵，表現突出。為配合長沙作戰，保安第六團在奉新、靖安間阻擊日軍西進，英勇頑強，因傷亡慘重而被調到宜豐進行休整補充，其游擊任務由第四團接替。在一九四二年的浙贛戰役中，駐守贛東南的江西保安團被擴編為預備第九師，也以作戰英勇、首挫敵鋒，受到第三戰區司令長官

部的嘉獎。一九四五年上半年保安團在贛西、贛北對日偽的游擊作戰中,「獲有戰果」,曾斃傷日偽軍五百餘名[82]。但抗戰後期,保安團的職責主要轉向地方治安。在一九四二年全省行政會議上,省保安處處長廖士翹提議「責成各區保安司令,嚴督所屬各保安團長及各縣縣長,遵照頒發各縣剿匪計劃」,把保安團的任務轉為維持地方治安。次年一月,即明確了「保安團工作今後在維持地方治安」[83]。

2. 戰時兵役制度的建立與實施

江西實行兵役制度始於一九三六年。按照國民政府一九三六年三月一日施行《兵役法》的規定,江西首先成立了潯饒師管區(下轄九江、武寧、上饒、浮梁四個團管區),依照《兵役法》和《兵役法施行暫行條例》,辦理兵役事務。次年(1937年),續增贛南師管區(轄吉安、贛縣、萬安、寧都4個團管區)和南撫師管區(轄南昌、清江、萍鄉、南城4個團管區),同時在各縣市政府內設立兵役股,在全省普遍實施兵役制度。當時規定,凡二十至二十五歲的男子,均屬常備兵現役適齡,應徵集入營服現役,服役三年期滿後退伍。

抗日戰爭爆發,兵員需求急增,全省立即轉入戰時兵役體制。為保證及時征補兵員,按照國民政府關於各省統一設置兵役

82　《江西省政府三十四年度政績比較表》,1946年2月編制。存江西省檔案館。

83　姚岳軍:《民國時期江西保安團述論》,江西師大碩士論文未刊稿,第15-16頁。

機構令，一九三七年九月，在南昌成立「江西省兵役管區司令部」，由省政府保安處長廖士翹兼任司令。次年二月，將該機構進一步改組為「江西省軍管區司令部」，由省政府主席熊式輝兼任司令，統一指揮各師、團管區和各縣市政府（縣市主管機構由兵役股升為兵役科，復改稱軍事科），緊急辦理戰時征補兵員事務。這時，根據中央和省政府的戰時徵兵規定和辦法[84]，凡十八至三十五歲的男子，經身家調查、體格檢查、抽籤後，無免、緩、禁役原因者，均須應徵服現役；三十六至四十五歲男子，也須參加調檢、抽籤，其無免、緩、禁役原因者，得徵集服運輸兵役；退伍歸休一律停辦。同時，在全省進行國民兵組織、訓練，以求增進國民軍事知識、技能及其生活習慣，保證充裕的兵役來源。

一九四一年九月，江西實施中央推行的征、補、訓區制度，裁撤團管區，將原有三個師管區、十二個團管區，合併為南潯、饒梁、南撫、清萍、吉泰、贛南等六個師管區[85]，每一個師管區配屬給一個軍，由配屬軍負責協助該區的兵員徵集、補充和訓練。各師管區司令，則多由配屬軍的副軍長或師長兼任。兵員征補制度，由是更趨嚴密。這一制度的實施，基本適應了戰時前方

84　如國民政府頒發的《戰時征補兵員實施辦法》、《非常時期徵集國民兵及抽籤實施辦法》，省政府的《江西省戰時補充兵征派辦法》等。

85　各區管轄範圍及機構、人員等，參見黃鳴九《抗戰時期江西徵兵概況》，載江西省政協文史委編《抗日戰爭的江西戰場》，1995 年印行，第 283-284 頁。

軍隊大量征補兵員的需要。

為了保證戰時兵役制度的施行，江西省先後採取多種辦法，集合和訓練壯丁，按照軍政部指令，隨時補充部隊。一九三七年十月，在各縣市成立義勇壯丁隊二百二十二個，每隊收訓隊丁一百五十人，連同九個保安團，作隨時撥補軍隊之用。當時因準備較好，「故國軍缺額，指定由本省補充者，或由保安團送至其駐地撥交，或由部隊派員至保安團駐地整批接收，素質數量均稱滿意」[86]。次年六月，省政府為改進壯丁隊教育及減縮經費，將各縣壯丁隊與九個保安團混編為十八個壯丁常備隊訓練團（年底裁減為 9 個）。一九三九年二月，又在全省另行組建了二十八個戰區壯丁大隊（6 月復將其與九個壯丁常訓團合編為 12 個壯丁常備大隊）。一九四〇年一月，裁撤常備大隊，將各縣原設主管壯丁隊的「戰時民眾組訓總隊部」，改組為各縣國民兵團部，鄉鎮保相應組織國民兵隊，全面推行國民兵徵兵制度。[87]國民兵團常年向各師管區撥交壯丁，輸送部隊。至抗戰勝利，各縣國民兵團方告裁撤，併入縣政府軍事科。

整個抗戰期間，江西為國家輸送了一百零三萬七千八百八十名兵員。各年情況為：

一九三七年：43742 名；一九三八年：237404 名；一九三九年：167338 名；一九四〇年：133535 名；一九四一年：105839

86　民國《江西通志稿》，第 26 冊，第 140 頁。
87　《內政部江西省視察報告》，1941 年。

名;一九四二年：105159 名；一九四三年：88583 名；1944
年：98085 名；一九四五年：58185 名。[88]

據統計，全國在抗戰期間的徵兵總數，為一千四百零五萬零
五百二十一人。江西實際征交的兵員，約占這一總數的百分之七
點四。如以一九三五年全省人口總數計，約占百分之六點四；以
一九四五年人口計，則占百分之九點三。恩格斯認為，按照近代
各國國民經濟和人力情況估算，一國投入戰爭的兵力，一般可以
達到人口總數的百分之五，甚至百分之七，達到百分之七，便到
了極限。[89]由此可見，在全國抗戰中，江西在兵役動員上，大多
數年份達到乃至超過了人口承受的極限，江西壯丁源源不斷地補
充前方部隊，為民族抗戰作出了巨大的貢獻。

五　上饒、馬家洲反共集中營的設立

抗戰初中期，江西國民黨當局與中共的關係，經歷了由表面
融洽到破壞剿滅的過程。

抗日民族統一戰線建立後，在江西的中共組織與人員紛紛下
山，江西國民黨當局對此非常歡迎，幫助解決給養，在態度上
「很客氣」[90]。因此，各地區中共組織由山內轉向山外，在中共

88　民國《江西通志稿》，第 26 冊，第 141 頁。另據江西省政協文史委
　　編《抗日戰爭的江西戰場》第 326 頁載，抗戰期間江西徵兵總配額為
　　1115212 人，實際徵交壯丁 947722 人。

89　周鑾書：《江西的抗日戰爭》，《抗日戰爭的江西戰場》，第 14 頁。

90　《中共江西省關於政治形勢和黨的工作的綜合報告》（1939 年 3 月
　　5 日），中共江西省委黨史研究室編《中共中央東南分局史略》，江西

東南分局和新四軍駐贛機構建立後，找上門來的人很多，中共組織有一個大的發展，編入新四軍的部隊也有相當的擴大。新四軍軍部開赴前線後，中共東南分局和新成立的江西省委為維護統一戰線和支援前線抗日作戰，做了大量工作。特別是日軍發動贛北進攻後，一九三八年七月下旬，東南分局在南昌洪都招待所邀請江西黨政軍要人四十多人座談，會上散發了由曾山、黃道、涂振農署名的《我們對於保衛江西的意見》。「意見」分析了日軍發動進攻後的形勢和江西的戰略地位，從軍事、政治、經濟和社會、人才等方面，提出了許多適應抗戰需要的正確建議，「當時影響很大」，在社會上，引導形成了一個「保衛大江西」的熱潮。

江西國民黨當局對中共的活動，很快產生戒備和恐懼心理，「熊式輝及其所屬，遂集中視線到我們方面」，不但佈置特務偵察中共組織和活動，嚴密注意項英、黃道等領導人，而且在紅軍游擊隊集結地周圍部署保安團進行威脅和監視，脅迫新四軍部隊盡速離開江西開赴前方。[91]同時，先後製造了「瑞金事件」等多起逮捕和殺害中共、新四軍人員的事件，並在全省各地擴大進行「『只有一個信仰和主義，只有一個黨和政府，只有一個領袖』等宣傳……木牌標語到處樹立」[92]，防共氣氛日益濃烈。

人民出版社 2005 年版，第 96 頁。

91　項英：《關於江西政局、各方情形及工作意見致陳紹禹、周恩來等信》（1938 年 2 月 16 日），《中共中央東南分局史略》第 34 頁。

92　項英：《關於江西政局、各方情形及工作意見致陳紹禹、周恩來等信》

一九三九年一月國民黨五屆五中全會制定限共、防共、反共、溶共方針後，江西當局對中共的態度進一步發生根本性的變化。一九四〇年一月，熊式輝組織成立「江西省特種工作委員會」，親自兼任特委會主任，成員包括黨政軍主要負責人，全面負責指導全省應對中共的工作。在特委會下，由江西三方特務組織，即調查統計室（中統設在省黨部的特務組織）、保四科（軍統設在江西保安處的特務組織——第四科）和情報總站（原江西省特務處，設在省會警察局的特務組織），合組「江西省特種工作辦事處」，由中統特務、省黨部執行委員、中共叛徒馮琦主持，「專負防制共黨的設計、指導和統一祕密行動指揮之責」[93]。特辦處復在各行政區設立「特種督導員」，在各縣設立「特種祕書」或「特種科員」，形成上下縱橫的龐大特務系統。同年，熊式輝按照國民黨中央關於「地方黨政軍每月或一旬開聯席會議一次」，「研討對共黨問題之處置」[94]的密令，設立「江西省黨政軍聯席會報」制度，討論對付江西境內的中共組織及其活動，並將該制度推行到各縣。

繼一九三九年接連製造摧毀共產黨人領導的贛北抗日遊擊隊（岷山慘案），和收買醫生毒死新四軍駐贛辦事處主任、中共江西省委書記黃道之後，一九四〇年五月，由國民黨特務陳宗瑩主

（1938 年 2 月 16 日），《中共中央東南分局史略》第 34 頁。

93　莊祖方：《「江西省特種工作辦事處」始末》，《江西文史資料選輯》，第 25 輯，第 40 頁。

94　《共黨問題處臂辦法分別密令各省黨政軍高級長官》，1939 年 6 月。

・上饒集中營舊址（樊賓攝）

持，在贛州一夜間祕密逮捕中共黨員和進步人士四十多人，馮琦指揮特辦處在吉安、泰和、贛州製造「吉泰贛慘案」，捕殺中共黨員和進步人士三十多人。六月，在泰和馬家洲松山村設立祕密監獄「馬家洲集中營」。該營對外名稱為「江西省青年留訓所」，由省黨部調查統計室代主任施錦任所長。先後關押被捕的中共幹部、黨員和進步人士近五百人，其中包括中共南方工委領導人廖承志、張文彬，中共江西省委書記謝育才等重要幹部和漆裕元等進步知識分子。他們在獄中堅貞不屈，受到殘酷的折磨，不少人慘遭殺害。該集中營一九四四年底因日軍進攻移到吉安富田，次年六月遷永豐潭頭，一九四六年遷南昌潮王洲，直至國民黨統治

垮台。[95]

　　與馬家洲集中營同為江西境內著名的反共監獄的是上饒集中營。「上饒集中營為華中最大集中營」[96]。它是第三戰區為關押在皖南事變中被捕的部分新四軍將士，於一九四一年三月設立的戰時監獄，對外稱「第三戰區長官司令部訓練總隊」。負責人為第三戰區政治部少將張超。總隊最初內設二個大隊、一個軍官隊、一個軍士隊，關押新四軍幹部戰士四千二百七十六名。數月間病死和逃走八百餘名、經「訓練」後編補到其他部隊二千四百多名。[97]其後，將軍官大隊六百五十七名新四軍幹部長期關押；同時成立「第三戰區長官司令部特別訓練班」，關押八十多名東南各省的中共黨員和愛國人士，及三十多名新四軍幹部。一九四二年四月，將軍官大隊和特訓班合併，改稱「戰時青年訓導團東南分團」。集中營以周田為中心，包括李村、七峰岩、茅家嶺、石底等處的監所所組成。據親歷者記載：「七峰岩可以說是政治軟化所，周田村是苦工營，茅家嶺是活地獄，李村是高等軟化所。被捕入集中營的大致先經過七峰岩，然後周田村，最後便是茅家嶺；上了茅家嶺，縱算不死也弄得你酷刑餘生，奄奄一息了。」[98]被關押者，包括葉挺、林植夫、黃誠、李子芳、張正坤

95　《中共江西地方史》，第 1 卷，第 499 頁。

96　饒漱石：《上饒織中營出版序》，《上饒組中營（增補本）》，華東人民出版社 1949 年 11 月版，第 2 頁。

97　《顧祝同致蔣介石何應欽代電稿》（1941 年 10 月 25 日），中共上饒地委黨史辦公室編《上饒集中營的鬥爭》，1988 年印刷，第 253 頁。

98　長江《上饒的集中營》，《上饒集中營》，華東人民出版社 1949 年 11

等高級將領和馮雪峰等著名人士、著名記者。他們堅貞不屈，與國民黨當局進行了不屈不撓的鬥爭，有近二百人先後被酷刑殺害和祕密槍決。一九四二年六月，集中營為避日軍進攻，轉到福建。

由於國民黨江西當局的大肆鎮壓，江西中共組織遭到毀滅性的破壞。一九四一年七月，中共江西省委書記謝育才被捕，至年底，中共江西省委工作人員全部被捕，省委組織被徹底破壞，江西境內由此到一九四九年五月沒有中共省級組織。一九四二年，江西的國民黨特務機構利用繳獲的電台，完全破壞中共南方工作委員會。中共江西省委所屬的四個特委、四十四個縣委、二百多個區委和絕大多數支部，均遭破壞，二千多名中共黨員被捕。[99]剩餘黨員以各種方式隱蔽下來，堅持鬥爭。

江西國共關係尖銳對立以至中共組織被當局徹底破壞，具有深刻的原因：一是地方當局執行國民黨中央的防共反共政策極為堅決，省主席熊式輝甚至在公開演說中，也毫不隱諱地表示「我們在江西一天，即一天不容許共產黨存在」[100]，省黨部書記長范爭波如項英所說也「是極端的反共分子」；二是江西原為十年內戰的主要戰場，階級矛盾特別尖銳，成見與仇恨沒有因為抗戰而完全化解，而是「存在於我們的同志〔和〕過去革命根據地的群

月版，第1頁。
99 《中共江西地方史》，第1卷，第492頁。
100 《江西省委政治報告》（1940年），《抗日戰爭時期的中共江西省委》，第25頁。

眾、地主、紳士及許多上層分子中」，特別是過去受到中共「打擊的人們，舊的仇恨仍深刻在心上」；三是主持特務和反共工作的主要是中共的叛徒分子，他們熟悉中共的工作方法，具有很大的破壞力。當時還有個說法：「因歷史關係，江西的叛徒特別多」，幾乎在省縣各機關和地方武裝中都有分佈[101]，抗戰初期不少人曾找到中共組織表示「悔過」，但都遭到嚴厲斥責，因而「拚命反共」；四是也有中共地方組織自身轉變未能跟上形勢變化的問題，如楊尚奎所說：「贛南兩年來的工作，存在著最嚴重的缺點，舊有的工作方式轉變和進步十分遲緩，直到今天還殘留著」，故而「對地方工作特別上層統戰工作失了不少良好的機會」[102]。

第三節 ▶ 以戰時經濟建設為施政中心

一 楊綽庵出掌經濟建設事務

自日軍侵入贛北特別是在抗日戰爭進入戰略相持階段以後，

---

101 《中共江西省委關於政治形勢和黨的工作的綜合報告》（1939年3月5日），《中共中央東南分局史略》，第100頁。這應是當時一個誇大的說法，可能是對紅軍長征後許多中共黨員和幹部被國民黨關入反省院的誤解。當然，也確實有一批叛徒，如馮琦、陳洪時、孔荷寵等，對江西中共組織危害較大。

102 楊上魁（楊尚奎）：《江西贛南特委兩年來的工作報告》（1940年2月17日），《中共中央東南分局史略》，第133-134頁。

民營商業，多告停滯，江西經濟形勢發生急遽變化，戰爭對經濟支持的要求更為急迫，兩個戰區的數十萬駐贛部隊需要江西的經濟保障，西南大後方也有賴於江西的物資流通與支援，江西自身面臨著維持政權運轉和後方生存的巨大難題，侵華日軍也提出了「以戰養戰」的方針，與我方爭奪物質資源。所有這一切問題的解決，都有賴於戰時經濟建設的發展。為了應對嚴峻的經濟形勢和策應國民黨中央發起的全國國民經濟建設運動，江西省政府下力氣經營戰時經濟建設。

省政府採取的許多應對措施中，堪稱重大的一項措施是決定成立江西省戰時貿易事務處，辦理和擴大公營貿易，以掌控物質資源，保障戰時需要。據省政府的估算，戰時本省供給省外需要物資之總值為一億元，同時需要省外供給本省物資之總值為零點九億元，「本省所供給者多為農產品及原料，占出省總值百分之六十；需要者為工業品，占進省總值百分之五十」[103]。因此，如何保證物資的流通和平衡，是戰時經濟工作的重心所在。

一九三八年九月一日，貿易處（後改部，楊綽庵兼總經理）在南昌成立。貿易處最初主要經營米、鹽兩大戰略物資。[104]其後，擴大其業務，負責推銷本省物產，供給軍糧及接濟鄰省民食，統制輸入液體燃料及其他日用必需品，搶購游擊區物資，代

---

103 《本省對外貿易》，《江西省商業概況》，1941 年 7 月，第 1 頁。
104 《陳執委在黨政紀念週席上報告一週時事》（續），《江西民國日報》1938 年 9 月 13 日。

各工廠購運機器及原料，辦理水陸運輸（在省糧食管理處、戰時特種物品公賣處、驛運管理處等機構成立後，部分業務被析出由各專門機構辦理）。戰時貿易部等部、處機構的成立，是戰爭條件下政府以官辦和統制手段，掌握、管理和流通物資的一種特殊形式，它首開戰時江西實行統購統銷制度之端，對於緩解戰時物資極度緊張的局面，調節配置軍、民、公、私各方面的物質需要，支援前方和穩定後方，都發揮了重要的作用[105]。一九四二年起，貿易部按照國民政府的規定，改組為貿易公司，繼續發揮其公營貿易機構的作用。

戰時江西經濟建設的更大起色出現在楊綽庵主持建設事務後。一九三九年十一月，抗戰初起時即在江西參與規劃經濟建設的楊綽庵，升任江西省政府委員兼建設廳廳長。熊式輝對此表示「極為欣幸」，他在其就職儀式上說，江西對於經濟建設和教育文化事業，曾下一番工夫，但距理想尚遠，因此期望楊綽庵本其所長，為江西作出「新的貢獻」[106]。楊綽庵（1895-1955 年）是福州人，早年對經濟富有研究，先後擔任過廈門內地稅局局長，國民政府統計局科長，廣西、湖北統計局局長，對推動地方經濟建設狠下工夫，聲譽日起。曾赴歐美考察建設事業。一九三七年，被久慕其名的熊式輝延攬來贛，歷任建設廳秘書主任、代廳長兼工商管理處處長、工礦調整委員會主任。他就任廳長後，提

105 楊綽庵：《贛省十年經濟建設》，《贛政十年》（5）第 17-18 頁。
106 《新任兩省委宣誓就職》，《江西民國日報》1939 年 11 月 15 日。

出了《江西地方經濟應如何開展》的系統設想，特別強調在指導思想上，一要政治走上正軌，改變凡舉一事必先抽捐徵稅，造成人民未見建設之利已先受其害以致害怕建設的消極觀念和傳統做法；二要將「必須以出賣原料為可恥」，確立為「今後發展江西地方經濟之重要原則」，力求將全省豐富的農礦資源加工為製成品或半製成品，「同時改變商人販賣心理為企業心理，販賣資金為生產資金，再改變其輸入技能為輸出技能，如此則江西之地方經濟必有遠大前途」。

為此，在熊式輝、楊綽庵的設計下，省政府決定，一九四〇年度「以『戰時經濟建設』為本省施政中心」[107]，並在《江西省三十年度行政計劃》中，確定「今後本省政治工作之目標，應在針對本省社會結構與根據既往工作基礎上，確定以農村農民農業，以及與農業配合之工業建設，為工作之主要的對象」。以經濟建設為省政府的施政思想和中心任務，這一施政方針在此後幾年中也沒有改變，對戰時江西經濟的發展和社會的基本穩定，產生了積極的作用。其後幾年間，楊綽庵在領導發展戰時貿易、保證軍隊與地方物資供應，尤其是興辦江西工業上，做出了巨大的努力和成績，是抗戰時期江西經濟建設的一位難得的領導人才。[108]一九四一年二月成立的由省主席兼任主委的江西省經濟建

---

107 胡家鳳：《十年贛政之回顧與展望》，載《贛政十年》（1）第 15 頁。
108 參見殷洪生《楊綽庵》，《江西近現代人物傳稿》，第 2 輯，第 204-209 頁。楊綽庵 1943 年底調任重慶市政府秘書長，抗戰勝利後被熊式輝調往東北任哈爾濱市市長、東北物資調節委員會主任、東北經濟委

設委員會，在籌劃和指導全省戰時經濟建設上，也有較好的表現。

二　農業生產的增長與貢獻

　　農業是江西的優勢產業，在外運斷絕、內需劇增的戰時條件下，江西農業尤其是糧食的重要性更加凸顯。熊式輝論及當時形勢為：「江西素稱產米之區，就糧食一項說，實負有支持東南抗戰局面的最大責任。因為東南各省如浙、粵、閩、皖南，都是糧食不足的省份，整個東南作戰部隊的給養，大部分必須由本省供給。此外各省的民食，也都依賴本省的接濟。本省所處之地位是何等重要，我們所負的使命是何等艱巨！」[109]為此，省政府將農業尤其是糧食生產作為戰時施政重點之一。

　　1. 增加稻米生產。省政府成立省糧食增產總督導團和縣指導團，會同農業院致力於推行糧食增產措施。主要有推廣「南特號」、「油粒谷」、「鄱陽早」等改良稻種，推廣雙季稻，減少糯稻改種秈稻，推廣稻田中耕器，增加農業貸款，倡導防治病蟲害和增施肥料等。[110]因此，在十餘縣淪陷、農業人口銳減和耕牛等被日軍大量宰殺的情況下，全省戰時稻穀生產仍維持了年產七千萬至八千萬擔的數量[111]，出現過一九四〇年贛東早稻豐收，農民

員會委員等，深為熊式輝所賞識。

109　熊式輝：《在全省糧食會議上的演說》，1941 年 3 月 5 日。

110　江西省糧食增產總督導團編《江西省三十二年度糧食增產實施計劃》。

111　關於戰時江西糧食產量的統計數據不完全一致，可參見《江西省農牧

「無不額手稱慶」、一九四二年「增收產量甚豐」等好景象。

2. 增加小麥雜糧產量。除糧食外,棉花等其他農產品的需求也急遽增長,在全國主要棉麥產區淪陷後,國民政府將目光轉向後方,「迭令後方各省積極增加棉花及雜糧產量」[112]。江西農業院在省政府指令下,一九三九年起擴大小麥、棉花生產,相繼在贛東、贛南、贛西推廣改良麥種「南宿州」、「正大二九〇五」、「中農二八」和晚字棉、福字棉、常德鐵子棉等的種植。[113]又「商由本省糧食增產總督導團,通令各縣指導團,勸導農民,利用休閒田地,廣種玉蜀黍豆類等雜糧」。僅一九四三年,全省利用休閒田地加種雜糧面積達三百萬三千四十三畝,增收產量一千多萬擔。[114]

3. 開墾荒地,擴大種植面積。江西一直比較重視墾荒,一九二八年六月曾頒佈《江西墾荒暫行條例》,一九三四年四月曾頒佈《清理荒地實施辦法》及督墾規則。抗戰開始後,沿海難民流入江西,為救濟難民和補充資源,乃於一九三八年七月成立墾務處,先在贛西南招選墾民、劃區墾殖,墾民來自本省和蘇豫浙鄂等地,分集團經營、單獨經營及合作經營三種方式開墾荒地,當

漁業志》第 213 頁的有關數據。

112 《農業院發展本省棉麥生產》,《江西民國日報》1939 年 10 月 8 日。

113 參見江西省政府統計處編《行政與統計》,第 3 期(1943 年 4 月 1 日出版),第 4 頁。

114 《江西省政府三十二年一、二,三月份工作報告》,第 107 頁;《江西省政府三十二年十、十一、十二月份工作報告》,第 109 頁。

年墾荒七千二百五十畝。[115]此後繼續發展，一九四一年度全省墾荒三百六十萬五千七百六十畝，為全國第一。到一九四三年，全省已有墾區一百三十二個，墾場五十一個，該年開墾荒地四十萬餘畝、荒山十七萬餘畝。[116]墾荒事業的舉辦，既救濟了難民，也有效地提供了農林產品。

4. 扶植自耕農與保障佃農。這是國民政府在農業農村方面的兩項重要政策。前者從省政府一九三三年一月十二日通過《江西省扶植自耕農暫行辦法》起，開始施行，但成效不大，到一九四四年底，僅先後完成扶植自耕農的示範區七處，實驗鄉一個，且主要是在贛南。蔣經國將扶植自耕農視為執行「耕者有其田」的「和平的讓渡」土地政策、「培養現代化之農民」[117]的重要措施，先後在贛南四縣設立了六個示範區，共徵收土地一萬零八百零六畝，創設自耕農一千一百一十六戶[118]。後者在抗戰時發起，省政府制定《江西省保障佃農辦法》，一九四三年十一月十八日由行政院核准施行。該「辦法」條文不少，但其核心點則在負擔和佃權兩點上。關於負擔，規定「耕地租額之標準，依照土地法第一百七十七條規定，不得超過耕地正產物總收穫量千分之三百七十

115 沈雷春、陳禾章：《中國戰時經濟志》，台北《近代中國史料叢刊》第 3 編第 20 輯，第 27-28 頁。
116 江西省政府統計處編《行政與統計》第 5 期，1944 年 5 月 15 日出版，第 11 頁。
117 《關於土地、財政政策答客問》，《正氣日報》1943 年 12 月 20 日；《建設現代化之農村》，《正氣日報》1943 年 8 月 16 日。
118 民國《江西通志稿》，第 33 冊，第 6 頁。

五，其繳錢租者並規定不得超過報定地價百分之十」；關於佃權，規定「租佃契約登記後，有絕對效力，如業佃之一方有違反契約行為時，得尤其他一方呈請依法予以制裁」。省政府還要求各縣政府，召集有關機關、法團及鄉鎮長商討進行事宜，並派員分赴各鄉鎮公所召集保甲長、鄉農會理事長、中心學校教職員及佃業代表等開會，解說保障佃農意義及辦法，等。這項事務的進展不很順利，至一九四六年春，僅有安福、萬年、信豐、南康、東鄉、吉水、新幹等少數幾縣，業佃雙方辦理了租佃契約登記，「其餘各縣均尚未辦理」[119]；至於減租，更是無從談起。

戰時江西農業總的來說保持了較好的發展態勢。特別是在糧食供給上，不但支援了鄰省，尤其保證了部隊的需要。全省歷年徵集的糧食，均超出戰前收成最好年份糧食輸出量三百萬至四百萬石。從一九四一年國民政府實行徵實徵購糧食政策起，在後方十九個省中，江西歷年徵收的糧食占全國總量的百分之十點七至十六點五，平均每年占百分之十二點九；僅一九四一至一九四四年供給的軍糧即達一千三百三十多萬石，保證了第三、第九戰區和第七戰區作戰部隊的需要，為支持東南抗戰作出了重要的貢獻。一九四二年二月七日，國民政府將江西與四川、湖南列為全國三個甲等糧政局。[120]需要指出的是，江西農民因生產條件惡

---

119 《農林部關於浙贛鄂三省租佃制度及推行二五減租情形的調查報告》（1946 年），《中華民國史檔案資料彙編》，第 5 輯第 3 編，財政經濟（六），第 115 頁。

120 《糧食部致江西省政府咨文》，有民字第 11504 號，1942 年 2 月 20

劣、政府過度徵糧、豪強地主轉嫁勒索等原因，為此也付出了重大的犧牲。

三　工礦業建設的短期繁榮

「江西的工業大多創立於戰時。」抗戰爆發後，國民政府與江西地方為適應戰時需要，創辦了一批工礦企業，全省公營和民營工礦企業都有一個很大的發展。以這些企業為骨幹，基本形成了江西工業經濟的初步基礎和規模，出現了特殊環境下的短期繁榮。

戰時工礦業建設的一個主要方式，是省政府與國民政府資源委員會、經濟部、「中中交農」四大銀行合資舉辦公營企業。抗戰爆發後，省政府繼續戰前的合作，相繼與資源委員會簽約合辦萍鄉煤礦局、高坑煤礦局、天河煤礦、江西硫酸廠等大中型工礦企業。後因資委會與江西省政府合辦事業增多，為便於聯繫及監督起見，一九四二年四月十五日，將各廠理事會合併，在泰和成立「江西省重工業理事會」，統一管理各廠。省政府與經濟部等合辦的企業，也有較大規模，其中最著名的是興辦江西興業公司。為了擴大工業建設的規模，一九四〇年十二月，省政府決定與經濟部和「中中交農」四大銀行合作，創辦江西興業公司。公司股本共三千萬元，其中經濟部出資二百萬，四行出資一千五百萬（其中中央銀行 525 萬，中國銀行 450 萬，交通銀行 300

日。

萬，中國農民銀行 225 萬），省政府出資一千三百萬（以原有十多家公營工廠撥歸該公司充作股本）。一九四二年九月，公司正式成立運營，由省財政廳廳長文群兼任董事長，吳健陶出任總經理，下轄贛縣電廠、吉安電廠等十五個工廠。[121]各工廠行業分屬於電氣、化工、紡織、文化、陶瓷、土木、機械等類別，地點分佈於吉安、泰和、贛縣、萍鄉、大余一帶。全公司生產發展較快，「業務尚稱繁盛」，廠礦不斷增加，最多時「曾達四五十個之多」，成為戰時江西工業的重鎮。總計抗戰時期，江西省政府與資源委員會、經濟部、中中交農四大銀行合資舉辦的公營企業，不但數量可觀，規模較大（僅在經濟部註冊者即有 37 家，廠數和資本數在當時後方 17 省中分列第三和第八位），而且填補了沒有重工業的空白。

戰時江西工業的另一組成部分是民營工業。江西的民營工業，主要生產民生日用必需品。在政府提倡和社會迫切需要下，江西民營工業「如紡織、造紙、酒精、火柴、化工、機器等，紛紛創立。經各從業人員慘澹經營，粗具規模。當時工廠分佈地區，咸集中於吉、泰、贛一帶，以贛縣最多，吉安、泰和兩地次之」[122]。據統計，戰時江西民營企業，涉及二十多個行業，最繁盛時達二千三百七十家，其中規模較大、在經濟部註冊者六十

---

121 《鄭禮明呈翁文灝報告》，陳真：《中國近代工業史資料》第 3 輯，三聯書店 1961 年版，第 1342-1344 頁。

122 余行魯：《江西之民營工業》（《經建季刊》，1948 年第 6 期），《江西近代工礦史資料選編》，第 139 頁。

家，廠數和資本數在二十個省市中均居第九位[123]，這是民族資本主義經濟在江西繁榮發展的唯一特殊時期。公營和民營工業的發展，表明國家資本主義和私人資本主義在江西出現了一個並駕齊驅的態勢，這個態勢，成為民國時期江西資本主義經濟發展的頂點，它們促成江西的近代化事業，在抗戰時期有一個不平常的發展，取得十分明顯的進步。

戰時江西工業的最大變化，是以製造業為主的重工業從無到有，得到發展。據建設廳一九三六年的調查，當時全省登記的工廠有一百一十家，其中飲食類最多為四十七家，紡織類次之為十七家，而製造業僅一家。到一九四四年抽查，僅加入了中國工業協會的工廠有七十二家，其中以機械製造為主的重工業工廠即有二十八家。[124]這批工廠的建立，使江西由以往只能出口原料，邁向能夠將部分原料加工為成品、半成品，雖然數量不大，但在江西資本主義經濟的發展中，這是一個富有質的意義的變化。

江西工業的繁榮，對供應東南、西南各省的戰時之需和支持江西的抗戰，產生了巨大的作用。據當時工業界的人士記載，比較突出的有：

在天河設立的煉鐵廠，日產翻砂鐵十餘噸，為西南各省之重要基本工業。

123 譚熙鴻主編《十年來之中國經濟（1936-1945）》，下冊，台北文海出版社版，第 1323 頁。
124 中國銀行：《江西經濟調查》，1946 年出版（原件為油印本），第 38-42 頁。存江西省檔案館。

由江西公路處汽車配件製造廠擴建的江西機器廠，經營各項機器製造與修理，設備完善，動力機及工作母機約四十餘部，對發展江西工業作出了貢獻。

江西電工廠製造電池及修配種類機件，供應電話及無線電之用。

在大余設立的江西硫酸廠，製造硫酸，原計劃年產四十公噸，因東南各省需求甚殷，每年均超出預定產量。該廠全部機件設備，均是自行設計及製造，頗費苦心。

在贛縣創辦的化學工業，規模較大，生產亦巨，均能自行製造酸鉀、燒鹼、純鹼等，對緩解西南各省工業物質缺乏之情況，頗有貢獻。

戰時物資缺乏，一般半手工式之紡織事業應運而生，規模較大者有光澤農村工業社（光澤當時歸江西管轄）、贛縣紡織染廠、贛縣麻織廠等。

麵粉工廠規模較大者有贛縣大德麵粉廠、泰和華豐麵粉廠、南城民生麵粉廠等，小型麵粉廠為數極多，均為供應江西戰時需要而設立。

江西火柴工業，戰時極為發達，在贛縣、南城、吉安、臨川設有製造廠四所，年產約八萬簍，除供應江西外，同時供應西南各省之需要。[125]

---

125 徐劭文：《一年來之江西工業》，《工商知識》（1948 年）第 4 卷第 5
期，《江西近代工礦史資料選編》第 94-96 頁。

戰時江西工業能夠有一個大的發展，原因是戰爭爆發後，海岸線被敵封鎖，進口商品流通遭斷絕，以上海為主的東南沿海各地大工廠，多拆遷轉移到內地，產品供應減少。這種情況，加劇了國家和人們對工業產品的需求。為瞭解決戰時需要，國民政府和省政府在工業佈局、資金投入和政策保障上，都做出了積極的努力。這些在客觀上造成了內地工業、江西工業崛起的機會。由於工業的發展，也帶來了商業和城市建設方面的變化。吉安、贛州的市容有較大改觀。贛州因為「抗戰軍興，工廠內遷，民國三十年止，全縣工廠已達五十四家，一躍為全國十四大都市之一」[126]。

　　興盛一時的工業合作運動在江西也很有成績。中國工業合作協會東南區（後分為贛閩粵區和浙皖區）辦事處設在贛州，主任由「工合」發起人之一的新西蘭人路易・艾黎兼任（後為陳志昆），並由香港捐款在贛州設立了技術研究所和培黎技術學校，它們與贛南事務處、工業研究所一道，實際指導各地工業合作社的技術設計與改進工作，「頗著成效」。因此，江西工業合作運動「在東南各省中，歷史較久，合作社數亦最多，一般工作已具有初步基礎。各社業務均甚發展，尤以化學合作社為業〔優〕」[127]。但與其他地方一樣，因當局懷疑創始人路易・艾黎

---

126 民國《贛縣新志稿》，第 59 頁。
127 梁士純：《贛閩粵暨湘桂兩區工會現況及其前途》，《工業合作月刊》（1942 年）第 2 卷第 1 期，《江西近代工礦史資料選編》，第 88 頁。

與中共關係密切，工業合做事業在江西也曾遭到當局的壓迫。據艾黎回憶，抗戰時期，「『工合』在江西遂川的龍會計是一位老紅軍，遭逮捕後，在獄中被殺害了。後來在遂川工作的主任也被捕，關在泰和監獄中」[128]。其後，這個運動也就不了了之。

一九四五年初，向武漢退縮的兩個日軍師團，分別從湘東、粵北侵入贛西、贛南，江西「工業地區，均遭蹂躪」，公營工廠毀損大半，「尤以贛縣、泰和兩地之損失為最重」，總計達十餘億元，保全者僅剩六個廠[129]；民營工廠數十家「因倉皇撤退，不及遷移，損失更屬不貲」。經此打擊，江西工業基礎「盡付東流」[130]，多年苦心經營換來的難得的工業建設成果，在日軍的侵略下被完全摧毀。

四 戰時財政特點與收支

江西戰時財政形成了一個與戰前和戰後都不同的體系。江西戰時財政政策，源於國民政府的整體政策。這一政策的基本輪廓，是法幣快速貶值，形成通貨膨脹、幣輕物重的政策趨向，作為財政主要來源的稅收，由貨幣形式為主在一九三九年後轉為以實物形式為主，政府財政管理的重心日益轉向掌握實物。造成這種變化的根本原因，是戰爭的環境、地域的分割和物資的短缺。

---

128 路易・艾黎：《「工合」運動記述》，全國政協文史委編《文史資料選輯》，第 71 輯，第 104 頁。

129 《江西省行政會議總報告書》，1947 年。

130 陳其祥：《江西之工業》，《經建季刊》第 6 期（1948 年）。

據財政部的考察，江西戰時「省縣財政，省財政方面自二十六年以後，漸有軌跡可循，縣財政方面，則尚待改進」[131]。說省財政漸有起色，主要是形成了兩個在全國比較突出的特點：

第一，徵收土地稅「最有成績」。「贛省以舉辦土地測量登記，實施土地稅最有成績。」全省一九三四年起在各縣逐步舉辦土地航測，計劃八年測竣。因抗戰軍興，乃將航測業務暫行停止，改用人工補測航攝未完部分。到一九四一年，有十七縣測量完竣，三縣已航測大部分，九縣已完成土地登記、開徵地價稅，三縣即將改徵地價稅，未舉辦測量縣份除繼續辦理外，擬以土地陳報結果，改征臨時地價稅。考察者認為，「此可謂贛省之特點」。此後，地價稅成為江西財政的一項重要稅收。從一九四二年到一九四五年，江西土地稅徵收的情況為[132]：

江西省土地稅徵起數額（單位：國幣元）

1942 年：合計 4443775 地價稅 4443775

1943 年：合計 3886683 其中地價稅 3886348，土地增值稅 335

1944 年：合計 157101 其中地價稅 151528，土地增值稅 5573

131 《孔祥熙簽發楊綿仲呈送浙湘等七省財政考察報告書訓令》（1942 年 5 月 18 日），《中華民國史檔案資料彙編》第 5 輯第 2 編，財政經濟（一），第 501 頁。財政部整理田賦籌備委員會委員楊綿仲奉命考察湘浙閩贛皖粵桂七省財政，1941 年 12 月 10 日抵泰和，考察一星期。

132 《中華民國史檔案資料彙編》第 5 輯第 2 編，財政經濟（一），第 588-591 頁。

1945 年：合計 7557161 其中地價稅 7236715，土地增值稅 320446

第二，建立縣市自治財政制度。當時全國各省財政制度，以編審縣市預算方式不同而大致分為兩種，「一為省處於主動地位，二為縣處於主動地位，前者可以浙湘兩省為代表，後者可以贛省為代表」[133]。一九三八年一月，江西原擬在吉安等十一縣試辦省縣財政分立制度，因戰事延至實行新縣制後施行。一九四一年，江西劃分省縣財政，本著自治精神，建立縣財政體制，由各縣自行編制縣地方預算。但可能是對縣自治能力估計過高，而對其地方本位估計不足，結果「各縣編送概算，以收抵支，多有不敷，動輒增列補助，致各縣概算所列補助費，較省府核定之七百萬元，超過一倍有餘」。省政府為此不得不決定各縣所編一九四一年度預算，一律作廢，由縣重新編制。時人評論說，與另一種方式的省對縣干涉過多相比，「贛省辦法比較適合自治之精神」，但也有「未免偏於理想」的問題，難期圓滿。[134]事實上，完全的縣自治財政制度，確實未能成為事實。

抗戰時期江西的財政狀況，據國民政府財政部關於各省市歷年預算的記載，總的說來是不錯的，這從一九三七到一九四五年

---

133 《孔祥熙簽發楊綿仲呈送浙湘等七省財政考察報告書訓令》1942 年 5 月 18 日。

134 《孔祥熙簽發楊綿仲呈送浙湘等七省財政考察報告書訓令》1942 年 5 月 18 日。

全國與江西曆年預算數比較表上可以看出[135]：

· 1937—1945 年江西與全國預算比較表（單位：國幣千元）

年份	全國	江西	年份	全國	江西
1937 年	369869	27275	1942 年	1276036	84789
1938 年	207423	12529	1943 年	3510527	196869
1939 年	375271	36590	1944 年	5366076	324224
1940 年	492519	39104	1945 年	18063570	1152859
1941 年	1076970	67494			

　　由上可見，江西曆年的預算，占全國總數約在十一分之一至十五分之一間，儘管預算並不能等同於收入，但基本上是收入的一種相近的反映。下列一個年度的收支預算，則進一步反映了戰時江西財政收支的具體情況。[136]

---

135 《各省市預算（民國二十六年至三十五年）》，《中華民國史檔案資料彙編》第 5 輯第 2 編，財政經濟（一），江蘇古籍出版社 1997 年版，第 596-598 頁。

136 《中華民國史檔案資料彙編》第 5 輯第 2 編，財政經濟（一），第 573 頁、第 583 頁。

・江西省 1942 年度地方收入、支出分類預算

收入分類預算		支出分類預算	
項目	金額 （國幣：元）	項目	金額 （國幣：元）
總計	81882181	總計	81882181
稅課收入	34726765	行政支出	17369716
特稅收入	30000	立法支出	555536
懲罰及賠償收入	283019	教育文化支出	12609152
規費收入	464904	經濟及建設支出	7177468
財產及權利收入	6449376	衛生及治療支出	2134609
公有事業之盈餘收入	1881160	保育及救濟支出	2832292
公有事業收入	436349	營業投資及維持支出	826773
補助收入	18041548	保安支出	6592386
地方性捐獻及贈與收入	388785	財務支出	1932783
財產利權售價收入	484091	債務支出	29744
收回資本收入	8000	普通補助及協助支出	438738

收入分類預算		支出分類預算	
項目	金額 （國幣：元）	項目	金額 （國幣：元）
其他收入	17688184	其他支出	21486292
預備金	3763773		
未分配數	413291		

　　從省財政預算收支看，在收入中，最大者為稅課，當時的稅種主要有貨物稅、直接稅，直接稅包括印花稅、所得稅、非常時期過分利得稅、營業稅、遺產稅、土地稅、一九四三年十月增開的食鹽戰時附加稅等。在支出中，最大者為其他支出、行政支出和教育支出，其中其他支出占總數約達四分之一，但具體用在何處，並不清楚。經濟及建設支出位列第四，應該說較戰前有所增長，但經費不足，仍是經濟建設的主要問題。為了籌集建設經費，省政府在戰時曾先後兩次發行公債。第一次是一九三七年十二月二十日，以「為發展本省生產建設事業」為名，發行「民國二十七年江西省建設公債」，定額為國幣二千萬元，年利率六釐，償還期限定為十五年（到 1953 年 6 月止）[137]。第二次是一九四一年九月一日，仍以發展本省生產建設事業為名，發行「民國三十年江西省建設公債」，定額為國幣一千五百萬元，年利率

六釐，償還期二十年。[138]由於國民政府根據一九四一年第三次全國財政會議的提議，決定統一整理各省公債，江西的這兩期公債，第一期公債由中央接收，「自三十一年度起之到期本息，則均由國庫照案核撥」，第二期則被下令停止發行。[139]因此，江西實際只發行了一期建設公債。儘管如此，仍為戰時經濟建設注入了一定的資金，是有積極作用的。

第四節 ▶ 戰時文化教育狀況

一　中正大學的創辦與戰時的大學教育

1. 中正大學的創辦與首任校長胡先

　　與鄰省相比，江西高等教育長期處於落後狀態。先是一九二六年冬，國民黨在江西建立政權之始，即曾設想組建中山大學，終未辦成。一九二九年，江西省教育廳籌辦省立江西大學的努力，則被教育部阻止，這年九月，教育部下令江西省教育廳停止籌備江西大學，所餘之款「移作普及整頓中等教育改設專科學校之用」[140]。蔣介石一九三三年在廬山也曾對江西省主席熊式輝談

---

138 《民國三十年江西省建設公債條例》，1941 年 9 月 1 日。存中國第二歷史檔案館。

139 《財政部整理省公債委員會檢送整理省公債概況函》，1942 年 12 月 17 日。存中國第二歷史檔案館。

140 《停止籌辦江西大學令》，《教育部公報》第 1 卷第 10 期，轉引自金

·熊式輝為中正大學奠基石題詞（《贛政十年》）

到舉辦大學事宜，亦未能成為現實。

抗戰以來，國內大學因戰事關係，大多西移至西南地區，江西對高等教育的需要益形迫切。一九三九年春，熊式輝以急需「培植抗戰建國之基本人才」為由[141]，趁在重慶公幹之機邀請「川中名流」研究江西興辦省立大學事，得到蔣介石等的支持，蔣介石特別撥給基金一百萬元。熊返贛後，又於八月約集省內外學者到遂川商議，決定設立「中正大學」，並將商議結果報呈教

以林著：《近代中國大學研究》，中央文獻出版社，2000 年版，第 188 頁。

141 胡家風：《十年贛政之回顧與展望》，《贛政十年》（1）第 19 頁。

育部和蔣介石批准。同時，省政府在泰和設立籌備委員會，負責籌備事宜。一九四○年三月，教育部正式確定中正大學為國立中正大學。教育部聘請熊式輝、程時煃、邱椿、馬博廠、蔡方蔭、朱有騫、羅廷光為籌備委員會委員，熊任主任委員。六月一日，省政府在選定的校址泰和杏嶺舉行籌備會正式成立儀式。九月，重慶國民政府任命胡先驌博士為中正大學校長，胡即於十月一日到校就職。十月三十一日，中正大學舉行開學典禮，國民黨總裁蔣介石親自發來訓詞，對辦學宗旨和學生學習都有訓示，要求該校「所研究傳習之道，必為救國救世、三民主義之達道，所授予諸生之課業，必為擔當革命建國事業之實際」；「諸生所修習者，雖有文、法、工、農、商、醫諸系別之分，而均不可不於入學之始，立定為國家效忠、為同胞服務之志向」，造成「非僅博通學術之專才，實為革命建國之幹部」。

　　一所國立大學從籌備到開學，費時僅一年，特別是「能於戰時創立於戰地的江西」，不能不說是一種神奇，這是由許多因素綜合促成的。首先當然是國民政府的支持，或許也與以蔣介石名字命名有關，中正大學尤其得到了蔣介石的關心[142]。其次是省政府的決心。熊式輝是為開辦中正大學出力最大的人之一。時任行政院政務處長的蔣廷黻一九四○年視察江西時，對此有一個最直

---

142 蔣對教育歷來相當重視，認為教育、經濟、武力為構成現代國家生命力之三要素。在 1940 年 10 月 31 日致中正大學的訓詞中，也再次重申了他的這一觀點。

接而有趣的記載：「熊主席正創辦一所大學。該校預計訓練一批較有效率的公務員和領導人。根據柏拉圖的理想，他希望能提高政府人員的教育水準。他不憚其詳的闡述他的理想，並且急於實現他的理想。他要我擔任他的新大學校長。他說：大學校長的地位事實上是與省主席平行的。在決定中國命運的戰時，我認為他的計劃是不合時宜的。我建議他不可操之過急。」[143]在蔣廷黻的眼中，熊是一個「最富有哲學氣息」的省主席，即是一個好幻想的人，因此他並不看好江西辦大學之事。但事情終是辦成了，從中頗能看出熊式輝的性格和能力。最後，眾多學者的贊助和戰時人才的急需，也是中正大學能夠迅速開辦的重要原因。

　　首任校長胡先驌是我國著名的植物學家和教育家，中國植物分類學的奠基人[144]。他早年兩次留學美國，獲植物學博士學位。

143　《蔣廷黻回憶錄》，岳麓書社 2003 年版，第 225 頁。

144　胡先驌（1894-1968 年），字步曾，號懺庵。他辭去中正大學校長職務後，繼續主持靜生生物調查所工作。1946 年，中正大學農學院生物系特聘他為研究教授。性格「倔強」，1946 年夏在廬山曾拒絕蔣介石的親筆手諭接見，提前下山返回南昌。首次正式把在四川萬縣所採集的標本命名為「水杉」。這一珍奇活化石植物的發現與正式命名，引起全世界植物學家的震驚，是胡先驌融會古今植物研究的一大重要貢獻。1948 年當選為中央研究院院士。新中國成立初亦因直言反對蘇聯科學家李森科的理論而獲咎。授課稍帶口吃，但聲音洪亮，內容充實，對學生認真負責、誨人不倦，被公認為胸懷寬闊、堅持科學真理、和藹可敬的教授。新中國成立後在中國科學院植物所任研究員，首次創立被子植物分類系統。一生著述甚豐。在歷史、地理、語言文學方面也有很深造詣，詩詞方面著述尤多。1968 年 7 月 16 日在北京逝世。1984 年，中國科學院、江西省科委和廬山植物園在廬山植物園的松柏區水杉林內為他建造了墓地。

先後在南京、北平的多所大學任教授。一九二八年在北平與鄒秉志等創辦靜生生物調查所。一九三〇年當選為國際植物命名法規委員會委員。主持在我國開展大規模野外採集和調查我國植物資源的工作，提出中國植物品種分為八大群，首次對我國植物進行了科學分類。發起籌建中國植物學會，一九三四年八月被選為中國植物學會會長。同年與江西省農業院合作創辦廬山森林植物園。廬山植物園占地面積近萬畝，為亞熱帶山地最理想的園地，也是我國最大的植物園。一九三五年受聘為中央研究院第一屆評議員。一九四〇年，經著名學者吳有訓、程孝剛等勸薦，出任中正大學首任校長。在教育上，他提倡「科學救國、學以致用；獨立創建、不仰外人」的思想。因此，由他出掌中正大學，也是所選得人。

中正大學最初設立文法學院、工學院、農學院及政治、經濟、社會教育、機電、土木、化工、農藝、森林、畜牧獸醫等九個學系，有學生三百多人。其後幾年間，相繼增設文史、生物兩個學系和行政管理、師範、稅務、土木四個專修科，又在贛縣龍嶺設立了分校，「規模漸宏」，到一九四四年春，全校有教師二百零三人（其中教授 71 人、副教授 39 人），在校學生一千三百八十六人[145]，「教員與學生蓋五倍於初矣」[146]。在抗戰的艱難條

145 彭友德：《國立中正大學始末簡記》，《江西文史資料選輯》第 21 輯，第 38 頁。

146 《國立中正大學概述》，《國立中正大學校刊》，1947 年 6 月 25 日，第 5 卷。

件下，有這樣的發展，是很不容易的。胡先驌一九四四年四月辭職，由蕭遽繼任校長[147]。一九四五年一月，為避日軍向贛西的竄擾，學校遷至寧都長勝，贛縣分校也併入本部。抗戰勝利後遷南昌，經第九戰區司令長官薛岳及江西省主席曹浩森協助，借用昌北望城崗的軍政部營房為校址，十二月完成搬遷，一九四六年一月在望城崗開學。

中正大學是民國時期江西唯一的一所綜合性大學。它的開辦及其後的建設，聚集了一批優秀的大學教師（據 1945 年初的統計，中正大學在全國 25 所國立綜合性大學中，有教授 78 人，排第 13 位，副教授 45 人，排第 3 位[148]），其中有多人為國內著名學者；建立和提升了江西的高等教育基礎，填補了民國時期江西國立綜合大學的空白；培植了一大批具有較高素養的人才。因此，該大學的興辦，是全省現代教育事業史上一次具有標誌性意義的飛躍，在江西近代歷史進程中具有重要的地位和影響。全省

147 蕭遽（1897-1948 年），泰和縣人，字子蔚。1918 年清華學校畢業，留學美國，獲康乃爾大學經濟學博士學位，入哈佛大學經濟研究所從事經濟學研究。1930 年回國，後歷任南開大學法學院院長，教務長，清華大學經濟學教授，雲南大學教授兼法學院院長、西南聯合大學教授。出長中正大學後，領導了學校由泰和到寧都、由寧都到南昌的搬遷和在南昌的建校工作。1947 年 6 月因中正大學學生運動辭職。不久出任國民政府駐聯合國代表團經濟顧問，前往紐約。次年底病逝於任上。

148 《教育部檢報國立專科以上學校教員及國立研究機關科研人員統計總表呈》（1945 年 4 月 27 日），《中華民國史檔案資料彙編》第 5 輯第 2 編，教育（一），第 805-806 頁。

解放後，它被相繼改稱南昌大學、江西師範學院（即現在的江西師範大學），其建立的教學基礎，仍在江西的現代化進程中發揮著良好的作用。

2. 王子玕與中正醫學院的創辦

中正醫學院開辦的時間比中正大學要早幾年。一九三六年，教育部接受其聘任的醫學教育專門委員王子玕的建議，決定籌設一所適應推行公醫制度需要的醫學教育中心，並於十月設立了設計委員會和籌備委員會。籌備會主任委員王子玕是江西人，認為蔣介石長期在贛指揮軍事，這所學院故應設於江西，得到一致同意，並確定以蔣介石的名字為學院名。十一月，王偕同教育部參事陳泮藻到南昌選擇院址，省主席熊式輝予以「熱心贊助」，劃撥陽明路東基地三百畝，前期工程由南昌市政府辦理，同時決定江西省立醫院供學院學生實習之用。

一九三七年六月，教育部聘任王子玕為中正醫學院院長。九月二十五日，學校正式開學。當時，抗日戰爭已經爆發，學院因鄰近南昌機場，日機轟炸機場時學院也受到很大影響，「彈落時學院房屋為之震動」[149]。來自全國十六個省的一百二十名學生，就是在這種不斷的空襲、防空環境中，堅持學習。即便如此，中正醫學院作為全省第一所專門學院，其創辦無疑是江西高等教育的重大進步。

---

149 王子玕：《國立中正醫學院十年來之回顧》，原載江西《青年報》1947年12月25日，轉引自民國《江西通志稿》，第24冊，第111頁。

此後，學院辦學條件日趨惡劣，在整個抗戰期間，幾乎處在不斷的搬遷之中。一九三八年一月，遷至永新；十一月，奉令西遷昆明，遂在昆明城外十二里的白龍潭建草棚三十座作為校舍，又與上海醫學院等合作，建立了較為整齊的教授陣容。一九四〇年八月，遷往貴州鎮寧，以廟宇、民房為教學場地。一九四一年五月，熊式輝鑒於江西醫學人才缺乏，提出中正醫學院遷回江西並得到教育部的同意，遷回經費全由江西負擔。當年秋，學院遷回江西，四、五年級學生在泰和學習並在省立醫院實習，並接受香港孫逸仙博士醫學院學生七十三人借讀，一、二、三年級則在永新復課。一九四四年遷至贛州，在贛縣、南康等三處教學。一九四五年一月日軍進擾贛南時，又避遷至閩西長汀。抗戰勝利後，學院遷回南昌，但原址內只見「頹垣敗壁，遍地篷篙」，「舊日院址校舍，夷為丘墟，蔓草叢生，荒涼滿目，而碩果僅存者，僅男生宿舍一幢」[150]。後在政府復員費支持和聯總、行總江西分署資助下，到一九四七年學院校舍和教學設備、師資力量才有較好的恢復。

學院開設了內科、外科、生理、病理、細菌、寄生蟲、生物、化學等教學系科，並相應以省立醫院為實習基地（此為後來的醫學院附屬醫院的前身）。在對學生進行理論教育的同時，尤其重視醫學實踐的鍛鍊，還經常參與戰場傷員的醫護。但學院規模不大，到一九四六年畢業學生僅一百四十人。

150 王子玕：《國立中正醫學院十年來之回顧》。

3. 戰時專科教育

戰時江西高等教育，除了在設立綜合大學和專門學院上有重大突破外，在專科學校建設上，也逐年有所進展。全省專科學校，從一九三七年的二所，到一九四五年增加到四校，即省立醫學專科學校（贛州）、省立獸醫專科學校（泰和，附設於江西農業院內）、省立農業專科學校（泰和）、省立體育師範專科學校（吉安）。在校學生從一九三八年的二百零五人，發展到一九四五年的一千二百一十人[151]。此外，還創辦了信江農業專科學校（上饒 7 縣聯立）和私立立風藝術專科學校。這些學校，也是在戰時艱難環境中辦學的，特別是在輾轉遷移中，廣大師生風餐露宿，歷盡了千辛萬苦，學校財產受到嚴重損失。[152]

二　初中等教育的維持與發展

根據國民黨臨時全國代表大會制定的戰時教育綱要精神，省政府於一九三八年制定《戰時教育實施綱要》，規定了發展教育的方針和政策，基本精神是要求文武合一，教育目的與政治目的相一貫，家庭教育與學校教育密切聯繫，平均發展各地各級學校

---

151 江西省教育廳編印：《江西省教育統計簡表》（1947 年 12 月），《中華民國史檔案資料彙編》第 5 輯第 3 編，教育（一），第 678-679 頁。另見《全國專科以上學校一覽表》（1944 年），《中華民國史檔案資料彙編》第 5 輯第 2 編，教育（一），第 767-778 頁。

152 彭友德：《八十年來江西高等教育概況》，《江西文史資料選輯》第 15 輯，第 103-104 頁。又，該文認為還有一所省立工專，故戰時江西專科學校共有 7 所。

教育，力求普及義務教育，有計劃實施社會教育與家庭教育。在該《綱要》規定下，全省初中等教育在戰時有所發展。

　　江西以保學制度作為半強制性實施義務教育的措施，戰前一保一校的計劃在抗戰前期繼續得到大力推行，設校數和學生數比戰前又有較大的提高。一九三八年至一九四〇年的全省義務教育，學校數由一萬八千零二十五校增加到二萬零五十四校，學生數由七十七萬零三百八十二人增加到八十五萬二千四百二十二人，入學兒童占學齡兒童的比率，由百分之五十四點六增加到百分之六十四點六。[153]不過，全省保學雖「相當普遍，但大都內容簡陋，設備不足」。一九四〇年，國民政府決定在義務教育基礎上普及國民教育，江西省遂據此作出《江西省實施國民教育三年計劃》，將原有保學分年逐漸整理，分別改辦六年制鄉鎮中心學校和四年制保國民學校，兩種學校內均分設兒童班和成人班，將兒童教育與失學民眾補習教育融為一體。當年改辦學校八百六十三校，到一九四三年，全省除日占區十四市縣外，已設鄉鎮中心國民學校和保國民學校一萬七千八百零三校，有學生二十四萬三千三百三十人；一九四五年時有學校一萬九千四百四十六校，學生三十一萬二千零八十六人。[154]江西戰時興學較為努力，「人民

---

153 程時煃：《十年來之江西教育》，《贛政十年》（4），第 5 頁。另據《中華民國史檔案資料彙編》第 5 輯第 2 編，教育（一），第 517 頁載，江西初等教育 1937 年度有學校 18120 所，入學兒童 850869 人；1938 年度有學校 16664 所，入學兒童 689132 人。1938 年度數量下降原因應是日軍直接侵入江西。

154 江西省教育廳編印《江西省教育統計簡表》（1947 年 12 月），《中華

自動捐資興學之風亦甚盛，且於第四區內校舍俱系新建，辦理民教亦頗有成績」。但因受戰爭影響，在校學生數較戰前有大幅度的下降，全省「教師待遇未能十分提高，因之合格教師較少，幸由地方自行籌給學谷五市斗至六市斗，尚能勉維教師生活」[155]。

　　戰時江西中等教育（含中學、師範、職業教育）如下表所示，有一個較為穩定的發展，尤以中學教育為好（各年統計中學校和學生數中學都約占 3/2，如 1945 年中學為 185 所、學生 53617 人）。教育部為了安排和救濟由日占區撤退到江西的師生，先後在江西增設了二所國立中學，即一九四〇年在吉安設立國立第十三中學，一九四二年在贛縣設立國立第十九中學。全省戰時其他國立中等學校還有在泰和的幼稚師範學校、在寧都的鉛山師範學校、在于都的江西造紙印刷職業學校。從一九三八年起實行《劃分各類中等學校區辦法》，按照省內各地交通、人口、經濟及文化狀況，劃分九個學區並按學區分期設置中學、師範、職業三類學校，中等教育在分佈上更趨合理。江西還從一九三八年度起，對中等學校學生一律免收學費，以減輕學生負擔。同時，省縣當局也強調對中等以上學校學生，進行軍事訓練和戰時服務。戰時全省中學教育發展水平，在全國二十個省中，名列第

民國史檔案資料彙編》第 5 輯第 3 編，教育（一），第 680 頁。

155 《教育部國民教育司司長顧樹森關於三十二年實施國民教育工作總檢討呈稿》（1944 年 3 月 18 日），《中華民國史檔案資料彙編》第 5 輯第 2 編，教育（一），第 549 頁。

六，與戰前位置相同[156]。

·抗戰時期江西中等教育統計表

年度 項別	1937	1938	1939	1940	1941	1942	1943	1944	1945
學校數	72	93	117	149	176	187	218	245	276
學生數	18728	27294	33571	47394	54815	59613	71704	64175	7165

資料來源：江西省教育廳編印《江西省教育統計簡表》，1947 年十二月，《中華民國史檔案資料彙編》第五輯第三編，教育（一）第 679 頁。

　　戰時江西教育能夠逐漸發展，取得比較可觀的成績，主要原因：一是全省人民民族精神的高漲，他們將教育視為抵抗日本帝國主義文化侵略的重要戰線，以及抗戰建國的重要基礎；二是省政府對教育的重視，在戰時財政極端緊張的條件下，仍在教育支出上維持了一個比較高的水平，年教育經費占全省財政支出總數的比率，最高的一九四一年，達百分之十四點七二（9113755元），最低的一九四四年，也占到百分之七點四一（24054170元）[157]；三是教育界人士表現出了可貴的奮鬥精神，他們在艱難

156 萬振凡、林頌華主編《江西近代社會轉型研究》，第 196 頁。
157 1939 年為 7.44%，2724756 元；1940 年 11.14%，4357923 元；1942 年 12.75%，11525580 元；1943 年 8.30%，16335104 元。見《戰時各省市歲出教育經費數及其占總歲出百分比統計表》（1939-1944 年），中華民國史檔案資料彙編》第 5 輯第 2 編，教育（一），第 352-355 頁。

困苦的環境中，堅忍奮發，辛苦維持，為江西戰時教育事業作出了貢獻。

三　精神文化動員與「三民主義文化運動」

1. 精神文化動員

　　江西當局有組織的精神文化動員，是從一九三七年十一月全省抗戰總動員會議開始的。經過最初的混亂之後，當局認識到，「全民動員，首推實際工作，然精神動員，尤關重大」，於是提出江西省精神動員的八項信條，即必勝之信念，犧牲之決心，嚴肅之紀律，協同之行為，創造之能力，耐勞之習慣，熱烈之情緒，自省之態度，要求「無論男女老幼各就其責任為最大努力，求取最後勝利」[158]。國民黨中央發動國民精神總動員運動後，江西積極配合，於一九三九年五月八日召開有省黨部和省政府各委員、各廳長及各機關主官、各區專員、各縣縣長、各縣黨部幹事、各中學校長等參加的全省精神總動員大會，通過有關黨政軍、教育文化和新生活等方面的提案三十多件。熊式輝講話稱，在第二期抗戰中，精神重於軍事，要防止在精神上受傷或被俘虜，要響應全國精神總動員，在江西建立三民主義的陣線，建立精神國防陣線，來抵抗敵人的精神進攻，克服一切困難，成功抗

---

158 《省黨政機關訂定精神動員信條八項》，《江西民國日報》1937 年 11 月 15 日。

戰建國事業。[159]精神文化動員的戰時意義，得到充分表達和強調，國民精神總動員運動，遂在全省各地展開。

戰時精神文化動員的重要力量是青年學生和文化界人士。據統計，僅一九三八年，全省中等以上學校組織了五百零六個抗戰宣傳隊，各縣教育機關組織了六千八百零三個宣傳隊，在全省擴大進行抗戰宣傳動員。許多學校遷移到農村後，都為推進抗戰動員和地方文化事業做了有益的工作。黨政當局也注重策動文化界人士深入戰地服務，分別組織戰地服務團、戰地宣慰團、戰地鋤奸團等，深入戰地

· 歷史學家姚名達（1905-1942 年）（《江西文史資料精萃·百年人物》）

工作，對於組訓戰地民眾，慰勞前方將士，打擊間諜，搜毀敵偽宣傳品，安撫戰區流亡難民，協辦軍中文化，調查抗日忠烈事蹟等工作，頗多努力。[160]特別是中正大學著名教授姚名達[161]，一九

159 《省黨部省政府聯合召開精神總動員會議》，《江西民國日報》1939 年 5 月 12 日。
160 《中國國民黨江西省執行委員會工作報告（1938 年 4 月-1945 年 4 月）》，原件存台北國民黨黨史館。
161 姚名達（1905-1942 年），興國人。1925 年從上海南洋公學國學科考入清華大學研究院國學門，師從梁啟超。1929 年受聘為上海商務印書館編輯，兼教於復旦大學。一·二八淞滬戰役時，襄助校方組織義勇隊，積極參加支前。1935 年與上海 150 多名文化界人士聯名發表《我們對於文化運動的意見》，又與 300 多名文化界人士聯名發表《上海

四二年六月二十二日，督率青年學生組織的國立中正大學戰地服務團，到新干、樟樹前線，撫慰傷兵、組訓民眾、撫救難童，不遺餘力。七月七日晚，在新干石口村被敵包圍，他與敵徒手搏鬥，遭敵槍殺。以身殉國同時死難者，還有中正大學學生一人，另有女生二人被擄。姚名達是抗戰時期親上前線並遭日軍殺害的著名愛國教授，其英勇事蹟傳揚全國，延安《解放日報》也多次報導了他的事蹟。

「抗戰軍興，本省成為文化後方，出版事業頓呈異彩，各型雜誌，更如雨後春筍，蓬勃問世。」作為文化重要載體的報刊，在精神動員中既起了重大作用，自身也得到較大發展。江西報刊最盛時期是一九三八年底一九三九年春，當時因「江浙諸省文化機構紛紛內徙，本省遂為東南文化重鎮，全省出版刊物達百餘種，省外書刊種類尤為龐雜」[162]。吉安、泰和和贛縣一躍成為江西文化的三個中心，「從前省會報紙，除民國日報先在吉安後在泰和出版，大眾日報、捷報在吉安出版外，華光日報在分宜出版，民報在臨川出版，新聞日報、商報、華中日報合併為聯合日報在寧都出版。吉安除原有之地方報紙明恥日報外，抗戰後新創辦之報紙有大江日報、前方日報以及最近出版之新夜報與克報；

文化界救國運動宣言》，致力於抗日救亡的民族解放事業。抗戰爆發後返贛，1940 年受聘為中正大學文史系教授兼導師。著述極富，有《中國目錄學史》等，是國內著名的目錄學家和史學家。（參見王咨臣：《姚名達》，《江西近現代人物傳稿》，第 1 輯，第 226-231 頁）

162 歐陽祖經：《十年來之江西文化事業》，《贛政十年》（18）第 15 頁。

通訊社方面有建國通訊社、民力通訊社。泰和有新民報，贛縣有贛南民國日報、正氣日報、青年日報，通訊社有嶺北通訊社、國民通訊社、贛南通訊社。其他各縣報紙，則有浮梁之贛北民國日報，上饒之贛東民國日報，宜春之贛西民國日報，黎川之黎川民國日報，遂川之自強民報，蓮花之蓮花民報，婺源之婺源聯合日報，以及岷山日報，高安民報，上高週報，永新日報，萬安民報，上猶日報，會昌動員報，雩都新聞報，石城琴聲報，餘江週報，定南三日刊，新龍南日報，廣豐抗敵日報，樂安抗敵三日刊，餘干日報，宜黃週報，南康日報，大庾日報，光澤日報，樂平日報，新喻動員週刊，安遠抗敵週刊，新尋鄔報，奉新週報，南豐週報。又有第三戰區主辦之前線日報，湘鄂贛邊區挺進軍指揮部主辦之開平日報。至銷行最廣者，首推泰和出版之民國日報及第三戰區之前線日報」[163]。而由著名民主愛國人士王造時任社長、一九三九年五月九日在吉安創辦的《前方日報》，尤為著名。王造時戰時長居吉安，先後聘請姚士彥、王泗源、陳楚、馮英子等任總編輯，堅持團結抗戰、民主獨立和「為人民忠誠服務」的辦報宗旨與立場，刊發大量新聞報導、社論專論，宣傳抗日，痛擊汪偽，抨擊腐敗時政，慰勞抗日將士，被全國「文化界譽之為新興的一張報紙」，其社論被列為全國八九種重要報紙之一，專論也常被別報轉載[164]，成為東南地區文化抗日戰線的一面

旗幟。

　　但當局一面在全省開展「一縣一報」活動，一面則嚴密執行《非常時期管制報社通訊社暫行辦法》，對社會上的報社、通訊社實行嚴密管制，對開辦報社的申請登紀實行嚴格審核。據統計，全省一九四〇年有報社五十六單位，通訊社十二單位；一九四一年有報社五十二單位，通訊社十七單位；一九四二年有報社七十九單位，通訊社二十五單位；一九四三年有報社五十八單位，通訊社二十五單位；一九四四年有報社五十二單位，通訊社十六單位；一九四五年三月止，有報社六十單位，通訊社二十單位。這些報社和通訊社，由不同的政治機關或社會團體主辦，政治傾向不一，有的為國民黨當局的黨政軍特機關報，致力於宣傳三民主義、當局的政綱政策；有的為業務群體傳播行業、專業知識和信息的陣地；有的為進步文化人士所辦，注重反映抗日民族統一戰線各方面的消息和主張，也有的因及時反映新四軍和進步民主人士的活動而遭當局封閉。但總的說來，它們都程度不同地反映了抗戰戰況和事蹟、讀者呼聲和主張、戰時社會動態，對於擴大抗戰宣傳動員、揭露日軍暴行、開展戰時建設等社會事業，起到了積極的作用。

　　一些文化機構在戰時發揮了積極的作用。以程宗宣為館長的省立民眾教育館，主辦《大眾日報》，創辦國民週會，開展抗戰文化活動，特別是購置電影攝影、幻燈製作等設備，先後拍攝過

頁。

《江西戰時新聞》、《敵機濫炸南昌實錄》、《兵役宣傳》、《世界學聯蒞贛》等無聲片，專門成立的幻燈片製作室，製作《岳飛》、《我們的省會》、《國民公約》和各種抗戰標語等幻燈片一千多種，對普及抗戰動員產生了良好的效果。[165]民教館於一九三八年八月從南昌撤至吉安。一九四〇年七月改稱江西省立實驗民眾教育館，以「實驗社會文化教育工作為中心」，並先後在上饒、贛縣設立分館，有四十九個縣也設立了縣立民教館，繼續做了大量關於抗日宣傳、歌詠、電影、戲劇和教育工作。省圖書館（館長李蓉盛）一九三七年冬結束業務，次年分遷吉安、泰和、永新、遂川、安福等縣，以泰和為總館辦事處。該館以巡迴文庫和文化服務部等方式，堅持圖書流通、閱讀、徵集工作。省建設廳創辦的豫章圖書館，在戰時省會也很有名氣。省科學館在南昌遭日機轟炸後，由館長蕭宗訓主持，幾經遷移，相繼由贛縣而于都、而泰和等，堅持舉辦巡迴科學實驗、展覽、通俗科學講演等活動並出版科學知識月刊、常識畫報等。江西省推行音樂教育委員會在創作抗戰歌曲、劇本，開展抗戰歌詠，普及音樂知識等，富有貢獻，《惟我中華》、《四十年來仇恨》等原創歌曲，極富民族感情和愛國精神，被人們廣為傳唱。省黨政當局在一九四〇年充實各級宣傳機構後，曾分別組織進行通俗宣傳、法令宣傳、藝術宣傳、特種宣傳和戰地宣傳等活動，對戰時精神文化動員，也有一定的成效。

---

165 《江西省志・江西省文化藝術志》，第 225、229 頁。

2. 三民主義文化運動

一九四〇年，省政府主席兼省黨部主委熊式輝提出開展三民主義文化運動，指定省黨部宣傳科擬定方案。十二月，江西省《三民主義文化運動計劃綱要》以及「組織規程」、「實施方案」相繼出台，並於一九四一年初正式頒佈實施，一場「三民主義文化運動」隨之在全省火熱地展開。

這場運動的目的，是為了貫徹國民黨五大的精神，通過文化運動的形式，統一思想，「使違反主義之思想」即共產主義等不被國民黨所認可的思想「無以流佈於社會」，使全體國民「更普遍更深刻地認識三民主義」，確定徹底三民主義化的思想和信仰，「自覺自動地為三民主義的抗戰建國而奮鬥」[166]。為此，「計劃綱要」提出了三民主義文化運動的四大任務，即展開三民主義的思想運動，使三民主義成為每個人的思想，達成三民主義的思想化；加深三民主義的研究，使三民主義的社會科學和三民主義的學術漸次成立，達成三民主義的學術化；闡明三民主義的制度文物，使三民主義表現於政治、經濟、教育一切設施及生活習俗之中，達成三民主義的制度化；促進三民主義的建設事業，使三民主義的國家和社會儘早實現，達成三民主義的行動化。從實質上說，這場運動是國民黨包辦的思想統制運動，是由思想體系到生活形態，「將三民主義普遍灌輸於人民」的文化專制主義運動。

---

166 熊式輝：《三民主義文化運動之意義及其實施》，1940 年 12 月 21 日。

為保證運動的進行，按照「組織規程」的規定，江西成立了一個龐大的「三民主義文化運動委員會」。委員會由熊式輝兼任主任委員，聘任黨政和文化界名人二十七人為委員，以胡先、葉青、程時煃、楊綽庵、邱椿、蕭純錦、徐晴嵐、匡正宇、劉已達九人為常務委員。

　　委員會內設副主委一人，總幹事一人，專員數人，並下設六個專門委員會，分掌各類事務：第一專門委員會掌管研究與講演事務，葉青為主委，聘請有關名流、學者三十一人為委員；第二專門委員會掌管繪畫、電影、播音事務，姚名達（最初為匡正宇）為主委，聘請有關名流、學者三十二人為委員；第三專門委員會掌管文學、戲劇與樂歌事務，胡先為主委，聘請有關名流、學者二十五人為委員；第四專門委員會掌管圖書、出版、印刷與供應事務，邱椿為主委，聘請有關名流、學者二十四人為委員；第五專門委員會掌管新聞與期刊事務，徐晴嵐為主委，聘請有關名流、學者二十二人為委員；第六專門委員會掌管農業、工業與自然科學方面的事務，楊綽庵為主委，聘請有關名流、學者二十九人為委員。[167]在全省各縣，也普遍成立了文化運動委員會的專門機構。

　　這場運動聲勢浩大，在思想、文化、學術、藝術的各個領域，進行了規模空前的動員、組織和活動。活動的形式，主要有

167　《江西省三民主義文化運動委員會各專門委員會委員名單一覽》，原件存中國第二歷史檔案館。

組織座談會、研究會、筆會、文化界國民月會、名人演講、論文競賽、編排歌劇戲劇、編印圖書和期刊、競賽、讀書、搶救文物等。據記載，運動期間，僅直接策動成立的文化團體，出版事業方面，有新朝出版社，力行出版社，知行出版社，尖兵出版社，文化書店等；精神訓練方面，有南崗學舍，戰贛學社、則余學社等；學術研究方面，有三民主義研究會，三民主義學會，三民主義文藝研究會，三民主義美術研究會，三民主義科學研究會，自然科學研究會，經濟學會，藝文學社，江西戲劇學會，藝人協會，藝人工作協會等。在具體活動上，對於黨義研究、寫作與出版，「迭經優予鼓勵」，設置有「三民主義學術獎金」和《獎勵三民主義著作出版辦法》。從一九四一年到一九四四年，全省出版黨義、政治、經濟、文化及反共方面的書刊與宣傳資料，共有十七萬六千五百冊，其中僅黨義方面的多達八萬九千冊，占總數的一半。因此，當局自詡「本省黨義研究風氣，甚為濃厚」。同時，也十分注重講演，泰和臨時省會每星期聘請對學術有研究的省內外黨政要人、大學教授和文化界名人，講演主義（如三民主義與哲學、與政治、與科學、與軍事、與文化等）、科學、常識及各種法令等，幾年間共達一百五十七次，「每次講演時，各中等以上學校學生及省會青年之參加者，甚為踴躍」。各縣也「均能按期舉行」。另外，定期舉行文化界國民月會及座談會。還曾頒佈《徵求歌劇話劇辦法》，徵得並採用新型戲劇腳本二十餘種，「思想純正」的歌曲三十餘種。注重在春節和其他廟會節日時，運用舊形式，貫入新思潮，改良民間藝術，新創作的木刻、春聯、門神、年畫、燈綵等，「最受民間歡迎」，「對民間影響最

大」[168]。

在文化運動中，國民黨當局繼續並愈加嚴密地進行文化審查。一九三八年九月，經省黨政軍警最高機構聯席會議決定，組織「江西省圖書雜誌審查委員會」，按照國民黨中央頒佈的條例，進行圖書雜誌的審查，吉安、贛縣、上饒、南城、浮梁等縣也設立了相應的機構。在黨部的專門機構操作下，重點對書籍報刊等出版物和戲劇等，進行審查和禁毀。其中，報刊宣傳品的審查和禁毀，由黨部編審科辦理；圖書審查和禁毀，由編審科會同圖書雜誌審查委員會辦理。審查的目的，仍在於「統一言論」。據統計，這幾年審查的書刊，一九四一年為七千四百零八種，一九四二年為五千八百七十七種，一九四三年為六千零二十四種，一九四四年為六千一百零七種，內容包括了黨義、政治、經濟、法律、歷史、文藝等各個方面；審查的社會科學和文藝方面的刊物，每年也達四百份左右。查出的被認為是禁書或「反動」者，則焚燬或密藏。例如，江西省圖書雜誌審查委員會在一九四三年三月十二日國民精神總動員四週年紀念大會上，將所謂「查獲禁品及反動書籍」《文藝新潮》等書籍三十三種、一百六十冊當眾焚燬，並將《游擊隊與群眾工作》等十一種十一冊，檢寄國立中央圖書館密藏。[169]經過審查禁毀，江西省黨部認為：「本省書刊

---

168 《中國國民黨江西省執行委員會工作報告（1938 年 4 月 1 日-1945 年
　　4 月）》。

169 《江西圖書雜誌審查委員會呈中央圖書雜誌審查委員會》，1943 年 3
　　月 26 日。存中國第二歷史檔案館。

立言持論，均能符合本黨要求。」[170]

三民主義文化運動堅持數年，對於在全社會廣泛灌輸國民黨的主流意識形態，統制社會思想，統一言論，加強國民黨的專制統治，「頗有成效」。另一方面，在運動中，江西的文化事業，也有一個較大的發展，民族文化和精神的動員，得到堅持和擴展，對於支持全省人民的抗戰，也產生了一定的積極的作用。抗戰時期江西省的文化運動成績，在國民黨中央的評價中，被排列到後方十九省的第二名。

一九四三年二月，在省黨部通過《江西省文化運動委員會組織規程》和《江西省文化運動委員會各專門委員會組織通則》後，江西三民主義文化運動改稱文化運動，以與全國相一致。江西三民主義文化運動委員會也相應改稱為江西文化運動委員會，同時在各縣設立縣文化運動委員。截至一九四五年三月，有靖安、進賢、安遠、廣昌、金溪、崇仁、餘江、南昌、武寧、婺源、信豐、泰和、萬安、虔（全）南、湖口、都昌、瑞昌、豐城、南豐、餘干、上猶、貴溪、吉水、德安、瑞金、修水、遂川、萍鄉、上高、萬載、資溪、上饒、臨川、尋鄔（烏）、宜黃、彭澤等三十七縣成立了文化運動委員會。[171]文委會的工作，與此前的三民主義文委會沒有什麼不同。

---

170 《中國國民黨江西省執行委員會工作報告（1938 年 4 月-1945 年 4月）》。

171 《中國國民黨江西省執行委員會工作報告（1938 年 4 月-1945 年 4月）》。

江西文庫 A0701A33

江西通史 11：民國卷　第三冊

主　　編　鍾啟煌
作　　者　何友良
責任編輯　楊家瑜

發 行 人　陳滿銘
總 經 理　梁錦興
總 編 輯　陳滿銘
副總編輯　張晏瑞
編 輯 所　萬卷樓圖書股份有限公司
排　　版　菩薩蠻數位文化有限公司
印　　刷　百通科技股份有限公司
封面設計　菩薩蠻數位文化有限公司

出　　版　昌明文化有限公司
桃園市龜山區中原街 32 號
電話 (02)23216565
發　　行　萬卷樓圖書股份有限公司
臺北市羅斯福路二段 41 號 6 樓之 3
電話 (02)23216565
傳真 (02)23218698
電郵 SERVICE@WANJUAN.COM.TW
大陸經銷　廈門外圖臺灣書店有限公司
電郵 JKB188@188.COM

ISBN 978-986-496-338-6

2018 年 1 月初版

定價：新臺幣 300 元

如何購買本書：

1. 轉帳購書，請透過以下帳戶
合作金庫銀行 古亭分行
戶名：萬卷樓圖書股份有限公司
帳號：0877717092596

2. 網路購書，請透過萬卷樓網站
網址 WWW.WANJUAN.COM.TW

大量購書，請直接聯繫我們，將有專人為您
服務。客服：(02)23216565 分機 610

如有缺頁、破損或裝訂錯誤，請寄回更換
版權所有·翻印必究
Copyright©2016 by WanJuanLou Books CO., Ltd.
All Right Reserved　　　　Printed in Taiwan

國家圖書館出版品預行編目資料

江西通史 民國卷 / 鍾啟煌主編. -- 初版. --
桃園市：昌明文化出版；臺北市：萬卷樓
發行, 2018.01
　冊；　公分
ISBN 978-986-496-338-6 (第三冊：平裝). --
1.歷史 2.江西省
672.41　　　　　　　　　　　107001903